DESCOMPLIQUE-SE

Richarde Guerra

DESCOMPLIQUE-SE

*Uma abordagem cristã
para simplificar a ansiedade*

Rio de Janeiro, 2019

Copyright © 2018, Richarde Guerra

Todos os direitos desta publicação são reservados por Vida Melhor Editora, LTDA. As citações bíblicas são da *Nova Versão Internacional* (NVI), da Bíblica, Inc., a menos que seja especificada outra versão da Bíblia Sagrada.

Os pontos de vista desta obra são de responsabilidade de seus autores, não refletindo necessariamente a posição da Thomas Nelson Brasil, da HarperCollins Christian Publishing ou de sua equipe editorial.

Publisher	*Omar de Souza*
Gerente editorial	*Samuel Coto*
Editor	*André Lodos Tangerino*
Assistente editorial	*Bruna Gomes*
Edição de texto	*Daila Fanny Pinho*
Preparação e revisão	*Gisele Múfalo*
Projeto gráfico e diagramação	*Sonia Peticov*
Capa	*Rafael Brum*

CIP–BRASIL. CATALOGAÇÃO NA FONTE
SINDICATO NACIONAL DOS EDITORES DE LIVROS, RJ

G964d
Guerra, Richarde
  Descomplique-se : uma abordagem cristã para simplificar a ansiedade / Richarde Guerra. - 1. ed. - Rio de Janeiro : Thomas Nelson Brasil, 2018.
  192 p. : il. ; 23 cm.

  ISBN 9788578606374

  1. Conduta - Aspectos religiosos - Cristianismo. 2. Qualidade de vida. 3. Bem-estar. 4. Vida cristã. I. Título.

18-49945
                                                            CDD: 248.4
                                                            CDU: 27-584

Meri Gleice Rodrigues de Souza - Bibliotecária CRB-7/6439

Thomas Nelson Brasil é uma marca licenciada à Vida Melhor Editora, LTDA.

Todos os direitos reservados à Vida Melhor Editora LTDA.
Rua da Quitanda, 86, sala 218 — Centro
Rio de Janeiro — RJ — CEP 20091-005
Tel.: (21) 3175-1030
www.thomasnelson.com.br

Por que recomendo este livro

Vivemos tempos delicados. As pressões do dia a dia, as cobranças exageradas, a crise financeira, a falta de segurança e o esfriamento da fé têm contribuído para gerar uma sociedade ansiosa. Por isso, é um refrigério saber que uma obra como esta chega às suas mãos. Mais que um colega, o pastor Richarde é um amigo que tem trazido grande apoio em nossa comunidade eclesiástica. Sua linguagem fácil, mas sem perder o rigor das Escrituras, certamente ajudará você a descomplicar tantos desafios e desfrutar do melhor de Deus em sua vida.

Pr. Márcio Valadão
Líder da Igreja Batista da Lagoinha

Deus nos chamou para uma vida simples, reta, direta e poderosa. E para que possamos viver uma vida que o agrade, livres da perfeição e da religiosidade, é preciso descomplicar. Só assim poderemos ser moldados e poderosamente usados por ele. Não é uma questão de darmos lugar ao pecado, mas de darmos lugar a Deus. Vai além de uma atitude de usos, costumes e regras, é uma realidade descomplicada de perdão, renovo e recomeço. Quando vejo as estratégias apresentadas neste livro pelo pastor Richarde, seus ensinamentos e o modo simples de ver a vida, vejo um caminho iluminado e frutífero. É hora de você, leitor, desconstruir e construir o novo, um renovo. É tempo de viver a fé de Cristo, a força e ousadia do seu poder de Deus e a *descomplicação* que este mundo tenta desarraigar de nossa vida. Descomplique-se.

PR. ANDRÉ VALADÃO
Líder da Igreja Batista da Lagoinha em Orlando, EUA

Com muito prazer e sinceridade, indico a leitura deste livro. Nele, o autor aborda um tema altamente relevante e extremamente necessário: como compreender e lidar com a ansiedade. Escrito com uma elogiável capacidade de aglutinar profundidade e abrangência de conteúdo com a simplicidade de palavras e a fluidez na argumentação, o tema é abordado a partir de uma cosmovisão cristã. De fato, excelente! Aliás, era o que já esperávamos, haja visto as características do Richarde Guerra: homem simples, amigo, multitalentoso, que transita facilmente das artes à ciência e da teologia a uma fé prática. Além disso, tem grande capacidade de fazer e manter relacionamentos saudáveis, muitas vezes, por sua atividade, precisando enfrentar problemas difíceis, mantendo o equilíbrio e a saúde emocional. Ele é, sobretudo, um homem de Deus. Parabéns ao autor e aos leitores que têm um excelente livro para ler, aprender e praticar!

PR. MARTINHO MENEZES JÚNIOR
Primeira Igreja Batista de João Pessoa

Estamos atravessando um dos momentos mais difíceis e complicados da humanidade em relação à saúde, pois as taxas de pessoas com transtorno de ansiedade nunca foram tão altas. É uma doença que tem desencadeado muitos outros transtornos. Sabemos que existe uma solução para tudo isso, mas muitos estão perdidos, confusos e doentes. Precisamos entender e compreender que podemos nos prevenir quanto a esse problema e, até mesmo, experimentar a cura. Deus tem levantado pessoas com entendimento e discernimento para compartilhar meios práticos para nos libertar desse mal. O pastor Richarde é uma delas. Por isso, sinto-me privilegiada por falar dessa pessoa especial e indicar a leitura de *Descomplique-se*. Sou grata a Deus por mais esse instrumento da verdade, com leitura acessível para todas as idades, pois aponta para a cura e mostra o caminho para a simplicidade ao permanecermos no caminho estreito.

PRA. EZENETE RODRIGUES
Líder do Ministério Restaurando Vidas, Intercessão do
Diante do Trono e Intercessão da Igreja Batista da Lagoinha

Descomplique-se é um livro extremamente relevante, um mapa para os nossos dias. O que mais vemos na vida moderna são as pessoas complicando tudo ao seu redor, e neste livro de grande valia, o pastor Richarde Guerra nos ajuda a descomplicar a nossa relação com Deus, conosco e com o próximo. Quanto mais descomplicados, mais prontos estamos para servir a Deus e as pessoas e, assim, cumprir o grande propósito de Deus. Descomplique-se hoje lendo este livro fantástico!

PR. LUCINHO BARRETO
Líder do ministério Loucos por Jesus

De maneira inteligente, criativa e prática, Richarde Guerra consegue nos levar a um ponto fundamental da história: o passado, mais especificamente nos leva ao jardim do Éden. Como restaurar os planos de Deus para nossa vida? Como vencer a ansiedade? Um caminho descomplicado se abre diante de nós mediante uma leitura irresistível.

A ansiedade atinge níveis epidêmicos e considero este livro uma ferramenta eficaz para tratar esse problema. Descomplicar nossa relação com Deus, descomplicar nossa relação com o outro e descomplicar nossa relação com a gente mesmo são os fundamentos que asfaltam os argumentos e apontam para uma solução viável, desejada e possível. Boa leitura.

PR. EDUARDO RIBEIRO BORGES
Aux. Oitava Igreja Presbiteriana de Belo Horizonte

George Müller, o pai dos modernos orfanatos, disse com sabedoria: "Quando a ansiedade aumenta é porque a fé diminuiu, quando a fé aumenta a ansiedade diminui". Como Richarde Guerra explica de modo didático nesta obra, a ansiedade pode ser superada. Que a ansiedade é perturbadora ninguém duvida. É lugar-comum afirmar que vivemos na era do stress. Igualmente evidente é o fato de a ansiedade ser democrática: ela alcança pobres, ricos, cultos, incultos, gente velha, gente nova, homens, mulheres, empregados e desempregados. Para além desses consensos, a obra de Guerra aborda o ponto divergente: qual a razão e qual a solução para a crise de ansiedade? A compreensão das raízes profundas da ansiedade será determinante para a compreensão da real resposta que ela precisa. Desse modo, Guerra realiza uma investigação bíblicoteológica e retorna à origem da ansiedade: a profunda desconexão em que o ser humano se encontra por causa do pecado: desconexão com Deus, com o próximo e consigo mesmo. Este livro é um convite a reexaminarmos nossos passos como membros da humanidade nesta marcha em busca da paz: com Deus, com o outro e consigo. Tenha uma caneta à mão para anotar os poderosos insights que a leitura desta obra lhe ofertará! E vamos juntos vencer as desconexões que possibilitam tanta ansiedade. Nesta era de hipercomplexidade é urgente a necessidade de simplificarmos nossas vidas. Boa leitura!

DAVI LAGO
Autor de *Formigas*

Não apenas por seus escritos, mas pela vida do Pr. Richarde Guerra podemos ver a fé que vence toda a ansiedade do dia a dia. Tenho certeza que ao ler este livro você será inspirado como eu sou pela vida descomplicada do meu amigo Richarde.

LÉO CAPOCHIM
Diretor do Seminário Teológico Carisma

Sumário

Prefácio • 11
Descomplicar é preciso! • 17

1. De volta para o Éden • 27
2. Enquanto isso, num mundo em ruínas... • 45
3. Descomplicando o relacionamento com Deus — Parte 1 • 69
4. Descomplicando o relacionamento com Deus — Parte 2 • 91
5. Descomplicando o relacionamento com o outro • 119
6. Descomplicando o relacionamento consigo • 149

Ferramentas extras para lidar com a ansiedade • 175

Prefácio

Deus nos fez simples e direitos, mas nós complicamos tudo.

Eclesiastes 7.29

Em todos os meus anos de liderança tenho aconselhado pessoas ansiosas e complicadas. Uma geração que se sente pressionada a alcançar o sucesso a qualquer preço, que acredita nas lentes das redes sociais como sendo o filtro de uma vida ideal e que acaba vivendo debaixo da pressão de um padrão praticamente inalcançável de felicidade. Uma geração que transformou Deus em uma energia e que criou suas próprias teorias a respeito de como se achegar a ele. Uma geração tão egocêntrica que acaba por transgredir a saúde e a beleza dos relacionamentos. O resultado? Complicação. Aquilo que era para ser simples se torna complexo.

Como reverter esse quadro? Creio que tudo isso perde a força e encontra resposta quando confrontado com a palavra de Deus. Caminhar com Jesus é um convite a entregar o controle de nossas vidas, permitindo que ele traga ordem ao caos.

Com este livro, o pastor Richarde Guerra apresenta de forma criativa e direta um caminho para aqueles que desejam DESCOMPLICAR e assim viver em paz com Deus, com os outros e consigo mesmo. Por meio de uma visão clara do propósito pelo qual fomos criados e com dicas práticas de como desenvolver uma vida de oração, o autor nos leva a compreender como o relacionamento com Deus pode e deve ser simples.

Richarde também apresenta o relacionamento com o próximo de maneira descomplicada. Compreendendo as diferenças existentes e, principalmente, permitindo que Cristo seja o elo de amor perfeito, fica mais simples respeitar o outro.

Finalmente, um olhar para dentro nos permite enxergar traços específicos de personalidade que devem ser submetidos à ação do Espírito Santo, de forma a potencializar forças e habilidades e minimizar pontos de tensão.

Uau! Que leitura fantástica. Tão clara e desafiadora. Penso que se tivesse tido a oportunidade de aprender princípios tão importantes como estes no começo da caminhada cristã, certamente teria encarado algumas fases difíceis de maneira mais leve.

Que ao ler este livro você seja impactado com esta visão tão simples e descomplicada de enxergar e viver a vida. Afinal, a necessidade de descomplicar é imperativa!

Pr. Leonardo Soares de Matos
Igreja Batista Central de Belo Horizonte

 sim.ples

1 que não é composto, múltiplo ou desdobrado em partes
2 singelo, mero, puro

Derivado do latim *simplex* (*sim* — "sem"; *plex* — "dobra"); literalmente: "que só é dobrado uma vez", tendo tomado o sentido moral de "não complicado".

com.pli.ca.do

1 que se complicou
2 composto de elementos que entretêm relações numerosas, diversificadas e difíceis de apreender pelo espírito

Derivado do latim *complicātus* (*com* — "com"; *plicas* — "dobras"); literalmente: "que possui muitas dobras", no sentido de "enrolado, complicado, intrincado, obscuro".

DESCOMPLICAR
é preciso!

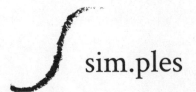
sim.ples

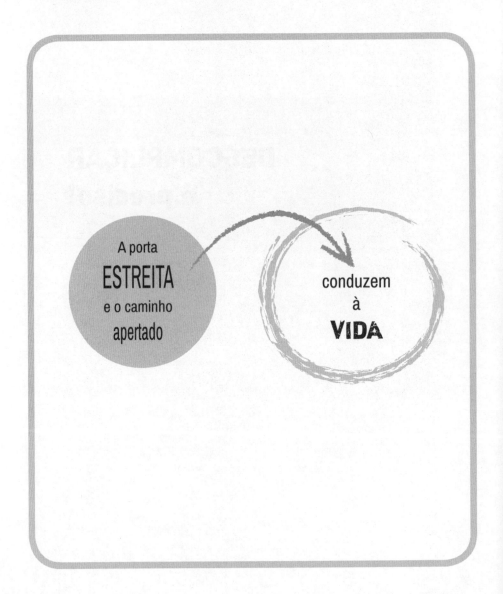

Mas receio que, assim como a serpente enganou a Eva com a sua astúcia, assim também seja corrompida a vossa mente e se aparte da simplicidade e pureza devidas a Cristo.

2Coríntios 11:3

A preocupação que o apóstolo Paulo externou em relação à jovem igreja de Corinto nos anos 50 d.C. ainda é muito atual. Desde a queda, a raça humana não só perdeu a pureza e a comunhão com Deus, como também tem se afastado cada vez mais da sua *simplicidade* original.

O ataque da serpente no jardim do Éden não foi simples e direto. Ele foi *complicado*, cheio de ziguezagues astutos para enganar Eva. E é assim que as serpentes atacam até hoje: vão se enrolando ao redor da vítima antes do bote. Elas não são como os leões, por exemplo, que pulam direto sobre a presa.

Eva caiu como um patinho no lero-lero da serpente. Perdeu o foco e a simplicidade. Acabou aceitando a conversa complicada e, no fim, foi ela quem se complicou.

Deus nos criou para viver de forma simples e desfrutar com leveza de tudo que existe na terra que ele mesmo fez. Porém, o que temos visto na marcha da história é que a humanidade tem buscado caminhos cada vez mais sofisticados para se complicar e fazer da própria vida um inferno.

Por isso, creio que o maior problema do mundo atual não está em volta de nós, mas *dentro* de nós. Como Eva, a humanidade está enroscada nas diversas curvas e dobras que a cultura e o próprio indivíduo têm criado, numa vã expectativa de se livrar do peso do pecado e viver de modo leve. Porém, com tanto rodeio, o homem se acha cada vez mais perdido e enredado.

A mensagem de esperança que Cristo e sua igreja têm a esse mundo é a de uma vida verdadeiramente simples, embora, a princípio, soe desafiadora. Jesus nos apresenta uma "porta estreita" e um "caminho apertado" (cf. Mateus 7:13-14), e isso realmente parece *hard* demais. A "porta larga" e o "caminho amplo" soam muito mais convidativos e confortáveis. No entanto, apenas quem trilha pelo caminho apertado é capaz de entender o quanto ele é, na verdade, simples e libertador. Quanto mais espaçoso e largo for o caminho, maiores são as chances de ficar perdido, de se complicar, de perder o foco. O caminho estreito, sem escalas nem atalhos, é a opção realmente mais confortável, segura e simples.

O grande problema do caminho espaçoso é que, em determinados pontos, você não sabe mais se está indo para frente, para o lado ou andando em círculos. O caminho largo não é uma grande rodovia de quatro faixas, bem sinalizada e iluminada, como geralmente se pensa. Ele está muito mais para um grande e insólito deserto, ou uma densa e escura selva. De tão, tão, tão espaçoso, a pessoa não sabe mais aonde ir, nem de onde veio.

Em meu ver, a imagem do nômade no deserto, muito explorada em diversos filmes, representa muito bem a situação espiritual e emocional desta geração. Nunca houve tantas oportunidades. O homem tem conquistado todo o universo, do solo de Marte ao interior do DNA humano. Todavia, o que percebo é que tanta possibilidade tem causado mais perdição do que salvação. Essa fartura de informação tem mandado as pessoas para o meio da selva, em vez de guiá-las de volta para casa. E o que pessoas perdidas — realmente perdidas — sentem é medo e ansiedade.

Creio que esta é a razão pela qual a ansiedade tenha se tornado tão comum a ponto de ser considerada por muitos como

22 DESCOMPLIQUE-SE

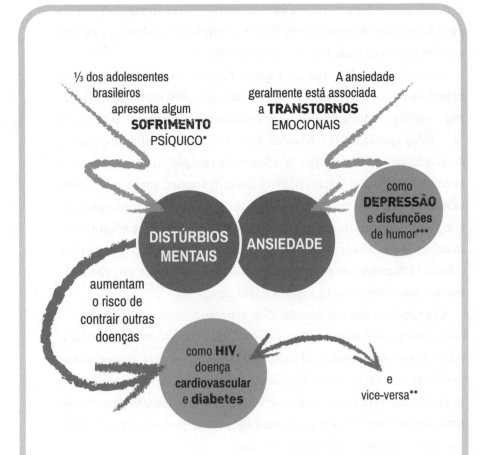

*"Tempos de turbulência", in *Pesquisa Fapesp*, nº 248, outubro de 2016. Disponível em <revistapesquisa.fapesp.br/2016/10/20/tempos-de-turbulencia>. Acesso em 4 de abril de 2018.

**World Health Organization, "10 facts on mental health". Disponível em <www.who.int/features/factfiles/mental_health/mental_health_facts/en/index4.html>. Acesso em 4 de abril de 2018.

***ABPTV, "Transtorno de Ansiedade Generalizada". Programa transmitido ao vivo em 23 de janeiro de 2017. Disponível em <https://www.youtube.com/watch?v=7OumYRuBkjo>. Acesso em 21 de maio de 2018.

"o mal do século". Os relatórios mais recentes da Organização Mundial da Saúde apontam que o número de pessoas com distúrbios relacionados à ansiedade vem crescendo com o passar do tempo. No relatório de 2015, o Brasil liderou o ranking mundial com a maior parcela da população sofrendo de distúrbios de ansiedade (9,3% dos brasileiros).[1]

E O QUADRO SÓ COMPLICA...

A situação é triste, mas meu objetivo não é aumentar sua ansiedade. Em vez disso, pretendo esclarecer fatos e, deste modo, proporcionar cura, pois creio que a afirmação bíblica de que "a verdade liberta" (João 8:32) se aplica a todas as esferas da vida humana. Desta forma, muitas pessoas se encontram presas à ansiedade por desconhecerem a verdade acerca deste assunto.

O que é, então, a ansiedade?

Segundo o dicionário *Houaiss*, a palavra "ansiedade" tem origem no latim, com o verbo "angĕre", que significa "estreitar, oprimir, apertar". Esse verbo era usado principalmente para descrever enfermidades na garganta, que deixavam o paciente com a garganta "apertada".

Por extensão de sentido, essa palavra também começou a ser usada para descrever emoções nas quais a pessoa se sentia "apertada" por dentro. É por isso que o verbo "angĕre" deu origem às palavras "angústia", "anseio", "ânsia" e "ansiedade".

De modo geral, todas as pessoas possuem ansiedade em determinado grau. *Clinicamente* falando, ela é considerada normal quando não traz prejuízo ou sofrimento. A partir do momento em que a ansiedade interfere no bem-estar do indivíduo — por exemplo,

---

[1]World Health Organization, "Depression and Other Common Mental Disorders. 2017. Disponível em <apps.who.int/iris/bitstream/handle/10665/254610/WHO-MSD-MER-2017.2-eng.pdf?sequence=1>. Acesso em 4 de abril de 2018.

alterando o sono ou o apetite — ela deixa sai do nível normal e passa para o patológico (ou seja, torna-se uma doença).

Enquanto a ansiedade normal é experimentada em momentos específicos — quando, por exemplo, o rapaz vai à casa da garota pedir ao pai dela permissão para namorar — o ansioso patológico vive em estado de ansiedade, não importa a situação. O suor frio e o nó no estômago que o rapaz apaixonado sente diante do provável sogro são iguaizinhos aos que o ansioso patológico sente quando tem de escolher entre sorvete de flocos ou de menta.

Essa sensação de angústia faz parte da vida do ansioso patológico 24 horas por dia. Ele parece estar sempre se preparando para receber uma notícia ruim. A bem da verdade, qualquer notícia que chega até ele é ruim. Como está tão acostumado a ver as coisas do jeito mais complicado, o ansioso nível *hard* acaba tendo uma visão distorcida do mundo e da realidade. Ele encara tudo como ameaça, e busca formas de se proteger da dor que esses ataques um dia poderão causar.

Esse quadro que acabei de descrever é clinicamente considerado um caso de ansiedade crônica. Em outras palavras, trata-se de uma ansiedade que nunca vai embora; ela só se torna mais ou menos intensa. A Organização Mundial da Saúde chamou esse estado de ansiedade constante de Transtorno de Ansiedade Generalizada (TAG).[2]

VEJA BEM...

No trecho anterior, fiz questão de ressaltar a palavra "clinicamente". Isso porque a análise sobre a ansiedade que apresentei baseia-se exclusivamente em uma abordagem médica e científica.

[2]ABPTV. "Transtorno de Ansiedade Generalizada". Programa transmitido ao vivo em 27 de fevereiro de 2017. Disponível em <https://www.youtube.com/watch?v=7OumYRuBkjo>. Acesso em 21 de maio de 2018.

O que é cosmovisão?

DESCOMPLICANDO...

A cosmovisão funciona mais ou menos como os filtros para fotos disponíveis no Instagram. Você tira uma foto comum, e aplica o filtro que quiser para deixar a imagem mais interessante.

Diferentemente do Instagram, todavia, não é possível ver o mundo sem filtro. Sempre enxergamos as pessoas e situações com as quais lidamos por meio de um filtro. Podemos chamar esse filtro de *cosmovisão*. Todo mundo, quer saiba, quer não, possui uma cosmovisão.

De forma pessoal, concordo com quase tudo o que se diz a respeito da doença em termos de *como ela é*, mas creio que uma abordagem cristã pode nos fornecer mais conhecimento a respeito de *como ela surgiu* e sobre como abordá-la de maneira integral.

Este é o objetivo de *Descomplique-se*: pensar a ansiedade a partir da cosmovisão cristã, a fim de compreendê-la e tratá-la com mais eficiência.

Uma vez que nossa cosmovisão determina a maneira com a qual refletimos sobre a vida e fazemos nossas escolhas — das mais comuns às mais importantes — acredito que é importantíssimo que o cristão lide com a ansiedade a partir da cosmovisão cristã, e não apenas de acordo com o que pesquisas científicas ou o Google dizem.

Acima de tudo, acredito que a cosmovisão cristã oferece ao ser humano o caminho direto e reto até a verdade. Ela não perde o foco, nem faz rodeios. Com isso, descomplica a vida e nos dá a chance de experimentar a liberdade e leveza tão sonhadas.

Creio que a única mudança eficaz para o homem é aquela que o leva à simplicidade. Por isso, neste livro, com a misericórdia e a direção do Espírito Santo, busco ver com você como algumas áreas da vida se complicaram, causando cada vez mais ansiedade, e quais caminhos podemos tomar para ter uma vida mais simples e feliz, ou seja, de acordo com o propósito de Deus para nós.

Uma boa leitura!

RICHARDE GUERRA

CAPÍTULO **1**

De volta para o ÉDEN

sim.ples

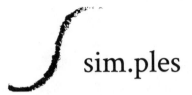

DEUS CRIA o mundo → O homem desfruta de plena alegria em **CONEXÃO** com o Criador

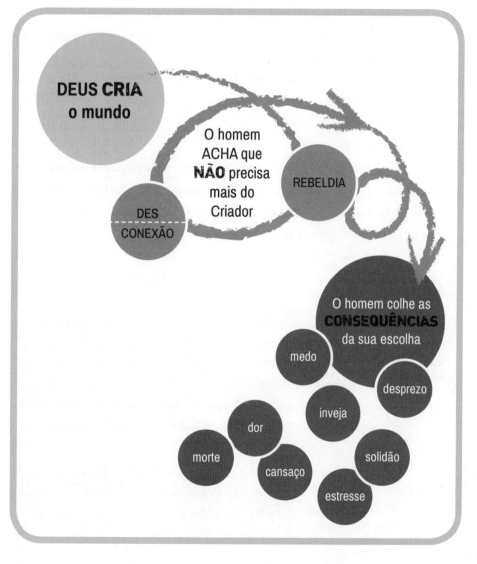

Se você, como bom ansioso, quer saber como este livro irá terminar, vou poupá-lo de uma crise de ansiedade e já adiantar o que você descobrirá na conclusão: é preciso voltar ao começo.

Pronto. Agora que você já sabe, pode fechar o livro e voltar ao que estava fazendo antes.

Entretanto, se você não quer apenas *saber* qual é o final, mas *chegar* até o final, convido-o a se acomodar no meu DeLorean voador enquanto viajamos para o passado a fim de encontrar o nosso futuro.

Mencionei o DeLorean porque gosto da simplicidade com que a trilogia *De volta para o futuro* apresenta a relação entre passado, presente e futuro. Se você não conhece os filmes, vale a pena assistir. Em qualquer caso, aqui vai um resumo da série:

RESUMÃO

De volta para o futuro 1, 2 e 3

No primeiro filme da série, o jovem Marty McFly viaja inesperadamente ao passado, para a época em que seus pais se conheceram. A interferência de Marty no passado quase extingue sua família; no entanto, ele consegue consertar as coisas, mas não consegue evitar a mudança de algumas coisas no tempo presente.

No segundo filme, Marty viaja para o futuro para intervir numa situação com seu filho vindouro; porém, numa reviravolta, um oponente faz uso indevido da máquina do tempo.

Assim, quando Marty volta ao tempo presente, descobre que tudo foi alterado e que sua própria vida corre risco.

Assim, no terceiro filme, nosso herói volta a um passado mais distante, para reparar todos os problemas causados por suas viagens pelo tempo. Nem tudo continua a ser como era antes, mas quem experimenta a maior mudanças de todas é o próprio Marty. ↖

O interessante é que tanto as viagens ao passado como as viagens ao futuro mudam igualmente o tempo presente de Marty e de todos à sua volta. Não acredito em viagem no tempo, mas concordo com a ideia do filme de que olhar para o passado e para o futuro pode causar mudanças na vida que levamos atualmente. O lance é programar corretamente a máquina do tempo para chegarmos onde queremos.

Falamos no capítulo passado que a cosmovisão é os óculos que usamos para ver o mundo, e que ela determina nossos pensamentos sobre a vida. Diferentes cosmovisões darão respostas distintas sobre a vida e, por consequência, sobre a origem e o futuro dela. Porém, toda cosmovisão que se preze procura responder as perguntas mais fundamentais do ser humano, que podem ser resumidas nestes três pontos:

RESUMÃO

Os três pontos da cosmovisão

1. Criação. Como tudo começou? Qual é o nosso propósito?
2. Queda. O que deu errado? Qual a fonte de todo mal e sofrimento?
3. Redenção. O que pode ser feito para consertar este erro? ↖

A singularidade da cosmovisão cristã

DESCOMPLICANDO...

Existem fatos inequívocos que apontam para o cristianismo como a única cosmovisão realmente verdadeira:

• Ele dá uma explicação clara e lógica ao dilema humano. Apenas a existência de um Deus pessoal e moral explica porque reconhecemos a presença do mal e o consideramos ser um problema.

• Ele tem uma resposta satisfatória para a questão do mal. É inegável o poder transformador do cristianismo e seus resultados duradouros, que se sobrevivem ao longo dos séculos.

• Ele é uma verdade histórica. Existem documentos e relatos históricos acerca da pessoa de Jesus, de seus seguidores e da veracidade das Escrituras. Não se trata de uma cosmovisão fundada em mitos, mas sobre eventos comprovadamente reais.

Cada cosmovisão que há no mundo vai apresentar uma resposta diferente, derivada de seus princípios. Entendo, porém, que a Palavra de Deus é a versão oficial do passado, presente e futuro da história humana (veja mais no box "A singularidade da cosmovisão cristã"). Ela satisfaz nossa sede de explicação como nenhuma outra fonte é capaz de fazer. Apesar disso, a Bíblia acaba sendo rejeitada por muitos porque as respostas que oferece não são as que as pessoas gostariam de receber. Vivemos hoje o cumprimento da situação que Paulo descreveu ao jovem Timóteo:

DE VOLTA PARA O ÉDEN **33**

Pois virá o tempo em que não suportarão a sã doutrina; pelo contrário, sentindo coceira nos ouvidos, segundo os seus próprios desejos juntarão mestres para si mesmos. Eles se recusarão a dar ouvidos à verdade, voltando-se para os mitos. (2Timóteo 4:3-4)

Nós, porém, que buscamos conhecer a verdade, custe o que custar, devemos dar ouvidos ao que a Bíblia nos ensina acerca deste mundo. É com base nesses princípios elementares que poderemos compreender melhor a causa de males que nos assombram hoje, como a ansiedade, e sermos mais efetivos na maneira de lidar com eles.

Assim, nas próximas páginas, passearemos com meu DeLorean pelos três pontos da cosmovisão — criação, queda e redenção — entendendo a posição bíblica a respeito do propósito da criação, do que aconteceu para o mundo se encontrar neste estado atual, e do destino para o qual a humanidade caminha.

UM MUNDO DE PROPÓSITO

Por que estamos aqui?

Devemos compreender três características essenciais da origem do mundo.

Em primeiro lugar, de acordo com a Bíblia, tudo o que existe foi criado por Deus. Nada surgiu de modo espontâneo ou fora do Senhor. Ele é o autor de todas as coisas.

Em segundo lugar, o Senhor fez tudo perfeitamente. Toda a criação era originalmente muito boa, de acordo com a opinião do próprio Deus (Gênesis 1:3,9,12,18,21,25,31).

Em terceiro lugar, toda a criação foi feita com um propósito. Isso significa que todas as coisas que existem possuem uma finalidade, foram feitas com uma intenção específica. E qual intenção é esta? Proclamar a glória do Senhor.

Como nós glorificamos Deus?

DESCOMPLICANDO...

Talvez você pense que glorificar a Deus seja ficar o dia inteiro cantando e fazendo orações de louvor. Isso é uma maneira de glorificar, mas a ideia é muito mais ampla.

Glorificamos nosso Criador no exercício das nossas habilidades físicas e mentais, na criação de conhecimento e cultura, na vida em comunidade, na prática do altruísmo e da justiça, etc. Sempre que fazemos algo que se sintonize com os valores do Senhor, ou que demonstre a maneira bela e perfeita com que nos criou, estamos glorificando a Deus.

Quando dizemos "tudo", geralmente não conseguimos pensar em "tudo". Mesmo assim, tente ser o mais o mais abrangente possível em seu pensamento, e incluir nesse "tudo" que Deus criou: os seres humanos, os animais, as plantas, as coisas inanimadas (planetas, pedras, água), os saberes humanos (ciências, artes, habilidades), as leis naturais (da acústica, da meteorologia, da biologia), etc. Tudo, tudo, tudo que existe foi feito para exibir a glória do Criador. É disso que estava falando o apóstolo Paulo quando escreveu, inspirado pelo Espírito Santo: "Pois dele, por ele e para ele são todas as coisas. A ele seja a glória para sempre! Amém" (Romanos 11:36).

Sendo assim, o mundo não o resultado da ação de um deus entediado durante uma semana de chuva, nem é produto da atividade espontânea de um elemento indefinido que entra em expansão cósmica. O universo foi feito para *revelar* seu Criador em toda a sua exuberância e criatividade.

Você já deve ter percebido, todavia, que esse não é o objetivo da maioria das pessoas que encontra no seu dia a dia. Elas parecem pouco ligar para a glória do Criador. Seja como for, a despeito do que tenha acontecido no caminho entre hoje e o dia inaugural do Planeta Terra, o propósito da criação não mudou, pois ele não está baseado nas criaturas, mas no Criador. E o Criador não mudou. Em outras palavras: no século 21, o intuito dos ursos polares e do Fá sustenido menor continua sendo o mesmo do Éden: proclamar a glória do Senhor. Isso não vai mudar.

Dessa forma, podemos afirmar que só encontramos equilíbrio, alegria e paz quando cumprimos esse propósito para o qual fomos gerados. Não falo apenas de nós como cristãos, mas nós como seres humanos. Todas as pessoas da face da Terra só terão felicidade plena se e quando viverem a fim de exibir a glória de Deus, pois foi para isso que foram criadas!

Hoje parece ser complicado executar perfeitamente esse plano, e é mesmo, por causa do pecado. Entretanto, essa complicação não existia no Éden, onde tudo era perfeito e bom. Não havia dificuldade alguma, porque o homem simplesmente não conseguia fazer outra coisa que não fosse glorificar a Deus. Não havia nada no ser humano e nas demais coisas que atrapalhassem sua intenção de divulgar a glória do Criador.

Porém, ao passo que o propósito da criação permanece, a perfeição com que ela foi criada *se perdeu* com a entrada do pecado no mundo. Assim, embora possamos compreender, pela leitura da

Bíblia, qual é o objetivo da nossa vida, não somos capazes de vivê-la plenamente, porque agora contamos com muitíssimas limitações, e nem ao menos somos capazes de imaginar como era essa vida perfeita, antes da entrada do pecado.

Entenda que o pecado não mudou a finalidade da criação. O seu corpo de maneira geral — dois braços, uma cabeça, dois rins — não é assim por causa do pecado, mas por causa do *propósito*. Fazia parte do propósito de Deus que você fosse simetricamente bilateral.

Porém, o pecado arruinou a *perfeição* com a qual o seu corpo deveria funcionar, e distorceu funções do seu organismo que, agora, em vez de apontar para a glória de Deus, causam problemas em sua saúde e até dificultam viver de acordo com o plano original.

Quer ver uma amostra disso? Considere, por um instante, a função da adrenalina no seu corpo. A liberação desse hormônio é estimulada diante de uma situação de perigo iminente — como, por exemplo, se ouvir uma buzina de caminhão enquanto está atravessando a rua. Num evento desse, seu sistema nervoso dá ordem às glândulas suprarrenais para que liberem na corrente sanguínea uma alta carga de adrenalina. Essa sobrecarga de desencadeia uma série de reações em seu corpo: palpitações, suor, contração dos músculos (que ficam prontos para correr), respiração acelerada. Essas reações preparam seu corpo para reagir a fim de salvar a vida — no caso da ilustração, lhe dão as condições físicas necessárias para correr desesperadamente a fim de não ser atropelado pelo caminhão.

Se você for pesquisar no Google qual é a função da adrenalina no corpo humano, cerca de 90% dos resultados dirá que esse hormônio tem o objetivo de preservar a sua vida em situações de ameaça (é claro que eu não chequei *todos* os resultados do Google... Mas foi o que percebi com a minha pesquisa). Porém, voltemos ao princípio de tudo: quando Deus criou Adão e Eva, perfeitos num jardim, em plena harmonia com Deus, com a criação e consigo mesmos, qual era o papel da adrenalina? Em que situação eles se sentiriam tão ameaçados a ponto de necessitarem de um preparo físico extra para sobreviver? Acredito particularmente que a vida deles não corria perigo nenhum, pois a morte — o maior perigo de todos — não estava atrelada a um atropelamento de caminhão, mas à desobediência à ordem de Deus.

O que podemos concluir? Que a função original da adrenalina não era a de habilitar o homem a lutar pela sua vida diante de um perigo. Esse foi o papel que ela teve *depois* do pecado, quando o mundo, de fato, se tornou um lugar perigoso. Se você estiver aberto a ouvir uma especulação, acredito particularmente que a função da adrenalina tinha mais a ver com possibilitar o ser humano a realizar grandes feitos que exigissem um esforço físico fora do normal. Talvez eu esteja errado quanto ao papel original deste hormônio, mas tenho convicção de que muitas funções em nosso organismo — e não apenas a adrenalina — foram grandemente afetadas pelo pecado e nosso afastamento em relação a Deus.

Os efeitos do pecado sobre criação são muito maiores do que costumamos imaginar. Comumente, considera-se que a única coisa que o pecado afetou foi a conexão do homem com Deus; todavia, a devastação gerada por aquele ato de rebeldia afetou todo o equilíbrio com o qual o mundo foi feito. Pela graça de Deus, ainda podemos ver a beleza do projeto original luzindo entre um destroço e outro, mas o funcionamento perfeito das coisas (incluindo o de nosso próprio corpo) não pode mais ser contemplado.

O GRANDE VACILO

O que deu errado?

O pecado entrou no mundo em um momento geralmente chamado de "Queda", que dividiu para sempre a história da humanidade em "antes" e "depois". Que evento foi esse?

No jardim de Deus havia uma regra: "Coma livremente de qualquer árvore do jardim, mas não coma da árvore do conhecimento do bem e do mal, porque no dia em que dela comer, certamente você morrerá" (Gênesis 2:16-17). A regra era clara, e a infração também foi: Adão e Eva comeram justamente da árvore proibida.

Devido a esse pecado, eles *decaíram* da sua retidão original e da comunhão com Deus e se tornaram inteiramente corrompidos em todas as suas faculdades. Por isso, esse trágico evento é chamado de "queda". Não se trata de um termo que aparece na Bíblia, mas de uma palavra que ilustra o passo que a humanidade deu quando escolheu pecar.

A queda se espalhou pelo mundo por dois caminhos. Por um lado, o primeiro casal representava toda a humanidade, pois todos somos descendentes dele. Assim, quando Adão e Eva caíram, toda a raça humana que ainda nem existia caiu também. A corrupção foi transmitida a todos os seres humanos como o gene mutante de uma doença degenerativa.

Por outro lado, Adão e Eva também representavam toda a criação, pois a eles foi dada a ordem de subjugar a terra. Deus sujeitou-lhes todos os seres vivos, animais e vegetais (Gênesis 1:28-30). Ambos eram um tipo de "gerentes" do Éden, cuidando do jardim como mordomos do Criador. Por isso, quando pecaram, a terra foi feita maldita "por sua causa" (3:17). É aqui que têm início todos os eventos de hostilidade contra a vida: as pragas, as epidemias, as catástrofes naturais... Tudo o que foi criado originalmente para suportar e promover a vida, agora está em constante estado de mutação, direcionando-se para *acabar* com a vida em todas as suas formas.

A queda foi a origem de todas as doenças físicas e disfunções cósmicas, porque com ela toda a criação foi afetada. Nosso corpo, as bactérias, os elementos ficaram comprometidos quando o pecado entrou no mundo, e assim entramos em "modo de autodestruição".

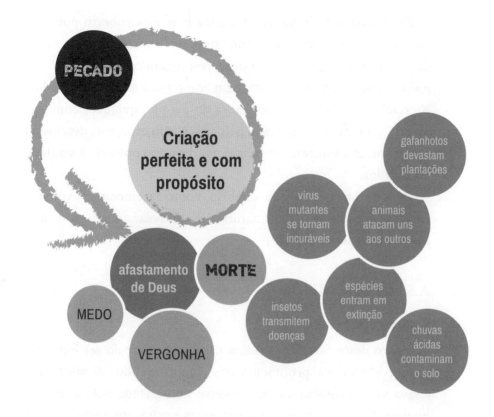

Você já parou para pensar filosoficamente no porquê insistirmos em comer alimentos que nos fazem mal? Por que é tão difícil resistir a um doce ou a um churrasco? Tem tudo a ver com a queda. Ela despertou em nós desejos autodestrutivos, que nos empurram para fazer e desejar o que é mal, tanto em termos morais como físicos. Dessa forma, é bem plausível que a máxima de Paulo de que "o que faço não é o bem que desejo, mas o mal que não quero fazer, esse eu continuo fazendo" (Romanos 7:19) se aplique não apenas a questões morais e espirituais, mas também a escolhas emocionais e físicas do dia a dia. A morte anunciada para quem comesse da árvore proibida não se limitava à esfera espiritual (que é a separação do homem em relação a Deus), mas também ao fato de caminharmos diariamente rumo à falência física do nosso corpo.

Em resumo, *tudo* que conhecemos hoje está coberto por uma grossa camada de pecado, como se o ser humano tivesse caído dentro de uma grande lata de tinta, respingando e manchando a si mesmo por dentro e por fora, bem como tudo mais ao seu redor. A criação inteira padece por causa do pecado; qualquer conhecimento humano está infectado pelo mal e pelo erro; e os desejos do nosso coração sempre caminham em direção contrária à vontade do Criador.

Perante um quadro tão sombrio, como fazemos para voltar a Deus, se nosso anseio mais natural é nos rebelar contra ele e fazer a nossa própria vontade?

A SAÍDA DE MESTRE

Como reparar o erro?

O reparo deste desastre cósmico não poderia vir do ser humano, porque ele estava profundamente comprometido. A saída precisava vir de alguém que não tivesse sido afetado pela queda do homem. Como toda criação se encontrava originalmente sujeita ao domínio humano, era preciso, então, que a resposta viesse de *fora* da criação; melhor dizendo, *acima* das coisas criadas.

Paulo reconta o drama da queda e a graça da redenção neste trecho da carta que enviou aos efésios:

> Vocês estavam mortos em suas transgressões e pecados, nos quais costumavam viver, quando seguiam a presente ordem deste mundo e o príncipe do poder do ar, o espírito que agora está atuando nos que vivem na desobediência. Anteriormente, todos nós também vivíamos entre eles, satisfazendo as vontades da nossa carne, seguindo os seus desejos e pensamentos. Como os outros, éramos por natureza merecedores da ira. Todavia, Deus, que é rico em misericórdia, pelo grande amor com que nos amou,

deu-nos vida com Cristo, quando ainda estávamos mortos em transgressões — pela graça vocês são salvos. Deus nos ressuscitou com Cristo e com ele nos fez assentar nas regiões celestiais em Cristo Jesus, para mostrar, nas eras que hão de vir, a incomparável riqueza de sua graça, demonstrada em sua bondade para conosco em Cristo Jesus. (Efésios 2:1-7)

Quando o homem caiu e trouxe o pecado para o mundo, foi necessário que outro homem viesse e mudasse a lógica. O pecado causou a morte e, como mortos, não tínhamos condições de voltar até Deus. Então ele, por sua rica misericórdia e grande amor, deu-se a si mesmo, na pessoa do Filho, para pagar pelo preço do pecado que *nós* cometemos (e não ele), a fim de que tivéssemos vida em Jesus. Cristo se esvaziou de sua glória e se tornou um de nós. Mostrou-nos que seu reino seria restaurado; morreu terrivelmente, mas ressuscitou no terceiro dia para a nossa salvação.

Jesus começou a obra de redenção anulando a primeira consequência da queda, o verdadeiro causador da morte: a separação entre o homem e o Criador. O véu que separava o homem de Deus se rasga, e Jesus passa a ser o caminho de comunicação. Com a conexão restabelecida, temos condições de voltar a cumprir propósito original para o qual fomos criados, que é viver para a glória de Deus (algo que seria impossível de ser realizado por gente morta).

No entanto, como você provavelmente percebe, os demais efeitos da queda ainda não foram anulados. Continuamos a lidar com o pecado e toda sorte de destruição que provém dele. Isso acontece porque a obra de restauração ainda está em sua primeira fase. Jesus está na etapa de realinhar corações, transformar caráter. Ele verdadeiramente começa a obra de dentro para fora. É por isso que, mesmo sendo crente em Jesus, você segue experimentando os efeitos da queda sobre seu corpo, sua mente, seus relacionamentos, sobre o clima, o meio ambiente, etc. O Mestre está formando novos Adões e novas Evas antes de nos trazer o novo Éden.

No tempo determinado pelo Pai, Jesus finalmente restaurará todas as coisas. Seremos, enfim, novas criaturas habitando numa nova criação. As implicações disso vão além da ausência de pecado; podemos esperar que tudo o que existiu na primeira criação, e que foi afetado pela queda do homem, será restaurado. Nossas habilidades, nosso conhecimento, nosso planos e desejos — tudo será 100% funcional e saudável. Enfim, poderemos cumprir sem qualquer impedimento o plano original de Deus para nós, e experimentar para sempre o prazer que ele pretendeu que tivéssemos quando nos criou lá atrás.

Da mesma forma que não temos condições de entender como eram as coisas no Éden antes da queda, também não somos capazes de imaginar o que Jesus está preparando para nós no lugar que ele chamou de "novos céus e nova terra" (cf. Apocalipse 21:1). De fato, as palavras de 1Coríntios 2:9 expressam perfeitamente nossa ignorância quanto aos planos divinos: "Olho nenhum viu, ouvido nenhum ouviu, mente nenhuma imaginou o que Deus preparou para aqueles que o amam". O que podemos fazer efetivamente é aguardar ansiosos que esse dia futuro se torne nosso presente eterno.

FECHANDO O CÍRCULO

Nós vivemos no período de transição entre a queda e a restauração de todas as coisas. Deste ângulo, se olhamos para o passado, descrito na criação, temos ideia do que fomos projetados para ser. Se olhamos para o futuro, aguardado na redenção, vemos aquilo em que seremos transformados.

A vida nesse meio não é a ideal (criação) e nem a final (redenção). No entanto, é preciso que ela seja remodelada à luz dessas duas realidades, porque o que vivemos hoje não é nem o ponto de partida nem o de chegada, mas o caminho. Rotas não são pontos definitivos, por isso elas podem ser constantemente recalculadas.

Jesus é a única constante da equação da sua vida. Você nasceu a partir da vontade dele, e sua verdadeira redenção, total, integral e completa, só se encontra nele. De uma forma magnífica, essas duas pontas de encaixam, princípio e fim, e o resultado é o Senhor sendo glorificado tanto porque criou você para isso, como também porque o resgatou para viver isso mais uma vez.

Se suas tentativas de vencer as deficiências causadas pelo pecado não incluírem Jesus, você certamente falhará. Isso é verdade tanto na luta contra o pecado e na reconexão com Deus, quanto na batalha contra a ansiedade e na busca por uma vida mais descomplicada.

CAPÍTULO **2**

Enquanto isso, num mundo em RUÍNAS...

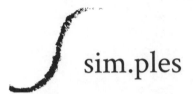 sim.ples

> O Senhor é a minha **LUZ** e a minha **SALVAÇÃO** de quem terei temor?

com.pli.ca.do

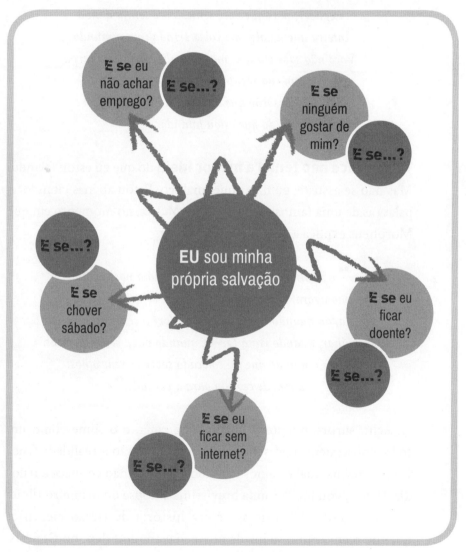

> *"Deixe que eu diga porque você está aqui. Está aqui porque sabe de uma coisa. Uma coisa que não sabe explicar, mas que você sente. Você sentiu a vida inteira que há alguma coisa errada com o mundo. Você não sabe o que é, mas está ali, como uma farpa em sua mente, deixando-o louco.*
> *Foi essa sensação que o trouxe a mim. Você sabe do que estou falando?"*

Talvez você não tenha a menor ideia do que eu estou falando. Mas não se assuste; eu não fiquei maluco. Estou apenas citando as palavras de uma famosa cena do filme *Matrix*, no momento em que Morpheus explica a Neo o que é a Matrix.

> *"A Matrix está em toda parte. Está à nossa volta. Mesmo agora, nesta sala aqui. Você a vê quando olha pela janela, ou quando liga a televisão. Você a sente quando vai trabalhar, quando vai à igreja, quando paga seus impostos.*
> *Ela é o mundo que foi colocado sobre os seus olhos, a fim de cegá-lo para a verdade."*

Acho surpreendente o quanto essa cena, e o filme como um todo, conseguem representar com certa precisão a realidade física e espiritual na qual estamos inseridos. Se você não conhece a trilogia *Matrix*, vou lhe dar uma brevíssima sinopse do primeiro filme:

Este enredo deixa de ser mera história de ficção científica quando o encaramos à luz de nossa viagem do Éden, no Gênesis,

> ## ↗ RESUMÃO
>
> ## *Matrix*
>
> A Terra está vivendo numa era pós-apocalíptica, na qual tudo é controlado por máquinas, inclusive a humanidade. As pessoas não passam de uma fonte de energia para esses supercomputadores, que as cultivam em cápsulas. Para mantê-las vivas e imobilizadas, as máquinas mantêm as pessoas conectadas a um programa de simulação chamado Matrix, que dá aos humanos a ilusão de que estão no mundo normal, trabalhando, estudando, se relacionando. Eles, porém, ignoram seu verdadeiro estado, com exceção de alguns, que formaram um grupo de resistência. Esse grupo pretende destruir as máquinas e libertar os seres humanos. ↖

à nova terra, no Apocalipse. Não que estejamos vivendo hoje dentro de um programa de computador, mas a humanidade da presente era certamente está presa a uma sofisticada simulação de vida, que a mantém ignorante quanto à realidade.

Acredito que essa ignorância decorre do fato de que *tudo* está coberto pela grossa camada de pecado que a queda do homem espalhou sobre o universo. E esse *tudo*, como você pode imaginar, inclui a nossa mente. Não podemos fazer de conta que nosso raciocínio, com sua capacidade de entender e resolver as coisas, não foi afetado pelo pecado. Ele está tão corrompido quanto um HD com vírus. Assim, é incapaz de contornar os efeitos da queda por conta própria, porque ele mesmo foi profundamente contaminado.

Em razão disso, a maioria das pessoas atualmente ignora que vive num sistema corrompido. Como o computador com vírus, elas acham que o malware faz parte do sistema padrão, e tratam o mundo e suas aberrações como se tudo tivesse sempre sido assim.

Porém, a realidade após a desconexão com Deus não é a norma; é o que deu errado. Tratar a criação decaída como sendo o padrão pode nos levar a conclusões muito defeituosas.

Essa distorção acontece quando não se conhece nem se crê na verdade da Palavra de Deus. Como falamos no começo, é impossível atravessar a vida sem uma cosmovisão. Ela é a bússola que guia cada pessoa ao longo da sua existência. Quando um indivíduo ou uma cultura não reconhecem a autoridade da Bíblia, eles recriam a história da origem, queda e redenção da humanidade segundo os padrões que mais lhe agradem ou façam sentido (porém, ignoram que sua capacidade de reconhecer a verdade também foi profundamente afetada pela catástrofe que tentam explicar).

A cosmovisão mais comum atualmente em nossa sociedade é a do naturalismo filosófico. O naturalismo é uma corrente de pensamento que entende que tudo o que existe é apenas o mundo natural (matéria, energia e espaço), e entende que o que vemos ao nosso redor só pode ter surgido de causas naturais, sem explicações sobrenaturais. Deste modo, entendem os naturalistas, se observarmos os fatos corretamente e fizermos os cálculos certos, poderemos compreender a causa de tudo, e talvez interferir naquilo que nos incomoda.

O ponto de partida da lógica naturalista está no fato de que o universo surgiu do acaso (ou seja, sem a existência de um Deus), que ele evoluiu (ou seja, não tinha propósito), e que tudo o que vivemos hoje pode ser considerado normal ou previsível (ou seja, não há pecado).

A ciência moderna ocidental é, em grande parte, calcada no naturalismo. Por isso, ela se entende como a única fonte real de conhecimento, porque se baseia no que é visível e pode ser medido, e reconhece o naturalismo filosófico como a única teoria possível e racional para explicar o surgimento do mundo e da vida. Essa e a razão pela qual a evolução faz parte dos currículos de escolas

de ensino fundamental às universidades; é citada cotidianamente pelos meios de comunicação; e ainda serve como base na maioria dos processos de coaching, das terapias para casais, dos livros de autoajuda, etc.

Tenho certeza absoluta de que você lida com essa corrente em alguma situação da sua vida, e talvez tenha até chegado a pensar que se trata de uma explicação bastante satisfatória. O naturalismo, porém, parte de um pressuposto bastante perigoso, que não fica claro à primeira vista: ELE NEGA A EXISTÊNCIA DE UM DEUS E DE UM PROPÓSITO PARA A CRIAÇÃO.

Um problema que decorre disso é que a abordagem naturalista olha para o mundo como é hoje e conclui *que ele foi sempre assim*, de uma forma ou de outra. Os instintos, as dores, as ameaças, a morte — enfim, tudo! — sempre existiram, em maior ou menor grau, da maneira que se encontram hoje. Essas conclusões são feitas a partir de muita ciência, mas também com base em uma convicção muito forte: a de que o naturalismo não é uma cosmovisão, mas a

Fé e ciência

DESCOMPLICANDO...

Não quero dizer que a ciência é má. De forma alguma. A ciência também foi criada por Deus, e pertence a ele, para a glória dele. O problema está em a ciência excluir o seu Criador e achar que ela tem, em si mesma, tudo o que é necessário para desvendar os mistérios do mundo.

Porém, como em tudo que há ainda existe um resquício do Criador, até mesmo a ciência aponta para ele, não importa o quão ateísta seja a mente por trás do microscópio.

verdade irrevogável acerca do mundo. Esse comportamento acerca do naturalismo tira da jogada outras cosmovisões, como o cristianismo, e, com elas, outras formas de entender e tratar os problemas do nosso século, como a ansiedade.

UMA FERRARI PÓS-QUEDA

Gostaria de ilustrar o problema do enfoque naturalista com uma situação hipotética. Imagine que você tem uma Ferrari F430. Linda, reluzente, pintura impecável. E o motor? Vai de 0 a 100 km/h em apenas 4 segundos, e pode alcançar a velocidade de 315 km/h. É um carrão.

Pois bem, você está na sua F430, pagando de gatinho numa rodovia qualquer, à noite. Mas logo mais adiante, sem que você saiba, há um caminhão bitrem andando a 60 km/h, com todas as luzes apagadas. Então... Pááááá! Você bate sua bela F430 na traseira do caminhão. Graças ao sistema de airbags, e com a proteção divina, você sai ileso.

Mas a sua Ferrari... Coitada. Ela não tem mais capô — o carro começa a um palmo do para-brisa. A pintura que era vermelha brilhante está toda retorcida e com resquícios da tinta cor-de-burro-quando-foge que veio da traseira do caminhão. Já os faróis dianteiros, bem, eles estão em algum canteiro da rodovia.

Depois que você parar de chorar diante de uma cena tão trágica, imagine que sua F430 está sendo guinchada e atravessará um vilarejo que nunca viu uma Ferrari na vida, só ouviu falar. Alguém do vilarejo, sem saber do acidente, recebe a notícia de que uma Ferrari vai passar por ali, e avisa a todos os vizinhos. Os moradores saem correndo para a rua, a fim de ver o carro. Quando ele vem, guinchado, os moradores começam a fazer comentários:

— Olha só, as Ferraris não têm capô!

— E nem faróis dianteiros.

— Que engraçado... E perceberam como a parte da frente da Ferrari tem uma cor diferente? Não é vermelha como o resto do carro.

— É mesmo! Eu também não sabia que Ferraris andam só sobre as rodas traseiras.

— Sim, e andam meio devagar, repararam? Deviam ter feito um carro com mais rodas, para andar mais rápido...

... e por aí vai.

Eles estão vendo uma Ferrari? Sim. Mas é o projeto original, em perfeito funcionamento? Não! Diante daquele carro avariado, os habitantes do vilarejo conseguem fazer alguns apontamentos reais sobre o que é uma Ferrari, mas algumas coisas que eles consideram ser normais são, na realidade, fruto do acidente, e nada têm a ver com uma F430 verdadeira.

Quando olhamos para o mundo e suas disfunções, estamos olhando para uma Ferrari que sofreu um sério acidente. O logotipo com o cavalinho ainda está lá; o vermelho brilhante ainda é visível em algumas partes. O funcionamento, porém, está seriamente comprometido. Por isso, algumas coisas não podem ser consideradas "normais". Apenas o que está no projeto inicial pode ser chamado de "normal".

É NORMAL SER ANSIOSO?

É neste ponto em que, creio eu, falham muitas das abordagens atuais a respeito da ansiedade. Elas consideram a ansiedade como sendo "normal" porque a cosmovisão que está sendo usada para analisá-la é a naturalista, que ignora qualquer causa sobrenatural, ou não física, para as mazelas do planeta.

Quando se trata de explicar a ansiedade e a sua origem, o enfoque naturalista diz o seguinte:

> A ansiedade é uma emoção cujos componentes são psicológicos [ou seja, mentais] e fisiológicos [ou seja, físicos], fazendo parte do espectro normal das experiências humanas. É um sinal de alerta, permitindo ao indivíduo ficar atento a um perigo iminente e utilizar recursos necessários para lidar com esta ameaça. [...] Em outras palavras é um sentimento útil, nem sempre é a vilã da história. Foi ela que preservou nossa espécie até os dias atuais. [...] sem ansiedade estaríamos vulneráveis ao perigo e ao desconhecido, sendo algo que está presente no desenvolvimento normal, nas mudanças e nas experiências inéditas.

ENQUANTO ISSO, NUM MUNDO EM RUÍNAS... **55**

Certos graus de ansiedade podem ser considerados benéficos, preparando o indivíduo adequadamente para tarefas cotidianas.[1]

Se o trecho anterior, extraído de uma tese de mestrado, parecer complicado, você pode conferir a explicação a seguir, dada pelo site da revista *Superinteressante*:

> Ansiedade não é doença. Faz parte do nosso sistema de defesa e está projetada em quase todos os animais vertebrados, do peixinho dourado até aquela sua tia histérica. Foi ela que nos trouxe aqui através da evolução. A seleção natural, aliás, favoreceu animais e pessoas preocupadas em excesso. Imagine o seguinte: um grupo de homens das cavernas passeia pelos campos da pré-história, quando, de longe, aparece um tigre dentes-de-sabre enfurecido. Aqueles mais inquietos, atentos ao mundo à volta, escapam primeiro. Mas os distraídos (e menos ansiosos) são presas fáceis para o animal — e, assim, também acabam eliminados do rol genético da época. Transfira isso para milênios e milênios de evolução e o resultado é que todo mundo é ansioso em menor ou maior grau.
>
> Hoje não há mais predadores vorazes à solta para nos atacar. Mas convivemos com outras ameaças.[2]

Apesar de esses dois textos terem sido escritos para públicos diferentes, e com objetivos distintos, você consegue notar certas similaridades entre eles? Compare os dois, lado a lado, reparando nas palavras que grifei (você pode grifar outras semelhanças que encontrar):

---

[1]Flavia de Abreu Augusto Paes. *Metrologia e psicometria [recurso eletrônico]: avaliação das escolas de Hamilton e Beck para depressão e ansiedade*. Tese de mestrado, pp. 24-25. Disponível em <http://www2.dbd.puc-rio.br/pergamum/tesesabertas/0712981_09_cap_02>. Acesso em 21 de maio de 2018.
[2]Karin Huek, "Sobre a ansiedade". Disponível em <super.abril.com.br/saude/sobre-a-ansiedade>. Acesso em 22 de março de 2018.

56   DESCOMPLIQUE-SE

TEXTO DA TESE

A ansiedade é uma emoção cujos componentes são psicológicos [ou seja, mentais] e fisiológicos [ou seja, físicos], fazendo parte do espectro normal das experiências humanas. É um sinal de alerta, permitindo ao indivíduo ficar atento a um perigo iminente e utilizar recursos necessários para lidar com esta ameaça. [...] Em outras palavras é um sentimento útil, nem sempre é a vilã da história. Foi ela que preservou nossa espécie até os dias atuais. [...] sem ansiedade estaríamos vulneráveis ao perigo e ao desconhecido, sendo algo que está presente no desenvolvimento normal, nas mudanças e nas experiências inéditas.

Certos graus de ansiedade podem ser considerados benéficos, preparando o indivíduo adequadamente para tarefas cotidianas. ■

TEXTO DA REVISTA *SUPERINTERESSANTE*

A ansiedade não é doença. Faz parte do nosso sistema de defesa e está projetada em quase todos os animais vertebrados, do peixinho dourado até aquela sua tia histérica. Foi ela que nos trouxe aqui através da evolução. A seleção natural, aliás, favoreceu animais e pessoas preocupadas em excesso. Imagine o seguinte: um grupo de homens das cavernas passeia pelos campos da pré-história, quando, de longe, aparece um tigre dentes-de-sabre enfurecido. Aqueles mais inquietos, atentos ao mundo à volta, escapam primeiro. Mas os distraídos (e menos ansiosos) são presas fáceis para o animal — e, assim, também acabam eliminados do rol genético da época. Transfira isso para milênios de evolução e o resultado é que todo mundo é ansioso em menor ou maior grau.

Hoje não há mais predadores vorazes à solta para nos atacar. Mas convivemos com outras ameaças. ■

São essas as palavras e ideias que aparecem nos dois textos, conforme destaquei:

- Perigo, ameaça, sistema de defesa;
- Normal, faz parte, todo mundo é ansioso;

ENQUANTO ISSO, NUM MUNDO EM RUÍNAS... **57**

- Nem sempre é vilã, não é doença;
- Preservou a nossa espécie, evolução.

Você encontrou algum outro?

- _____
- _____
- _____

A bem da verdade, encontraríamos expressões e ideias seme-lhantes em praticamente qualquer texto sobre ansiedade extraído de referências seculares. Isso acontece porque a maioria deles parte do mesmo pressuposto, que é a cosmovisão naturalista.

Podemos, então, resumir a ansiedade do ponto de vista natura-lista nos seguintes termos:

- A ansiedade surgiu espontaneamente, ao longo do processo evolutivo, e foi responsável por preservar nossa espécie em um sistema sem qualquer significado.
- Graças a ela, nossos antepassados puderam detectar e evitar perigos. Desta forma, a ansiedade nem sempre é a vilã da história.
- Como nossos antepassados dependiam da ansiedade para sobreviver ao processo de seleção natural, toda a raça humana é ansiosa em determinado grau.

Algumas partes dessa explicação são verdadeiras porque des-crevem o estado emocional do homem após a queda. Porém, para lidar de modo efetivo com a ansiedade, precisamos saber o que foi danificado com a entrada do pecado. Aplicando o exemplo da Ferrari neste caso, a fim de reparar o carro, o mecânico tem de saber onde está o problema e como aquela parte funcionava antes do acidente.

Como o naturalismo despreza essa parte da equação — a *criação* da ansiedade — a solução do problema (*redenção* da ansiedade) também será incompleta.

Você quer saber a realidade?

> "Esta é a sua última chance. Depois disto, não haverá retorno. Se tomar a pílula azul, fim da história. Vai acordar em sua cama e acreditar no que você quiser. Se tomar a pílula vermelha, fica no País das Maravilhas, e eu vou mostrar até onde vai a toca do coelho. Lembre-se: eu estou oferecendo a verdade. Nada mais."[3]

AMEDRONTADOS NO PARAÍSO

No capítulo passado, apresentei um diagrama sobre os efeitos do pecado sobre a humanidade. Quero dar um zoom numa parte do gráfico que não explorei ainda:

O que gerou a morte foi o afastamento de Deus, que é o "prêmio" que o homem conseguiu obter quando pecou.

Pecar significa "errar o alvo". Quando Adão pecou no Éden, e quando nós pecamos hoje também, caminhamos para longe da presença e da intimidade com

---

[3] As falas foram retiradas da versão dublada de *Matrix*. Direção: Lana e Lilly Wachowski. Austrália/EUA: Warner Bros., 1999. Versão brasileira: Delart, RJ.

o Senhor. Isso por si só já seria motivo mais que suficiente para sofrer, pois, como dissemos, esse movimento de se afastar de Deus nos retira do propósito de nossa vida, que é justamente glorificá-lo. Sem propósito, não há razão para existir.

Porém, ao se afastar do Senhor, o ser humano experimentou instantaneamente duas sensações que nunca havia tido antes: vergonha e medo.

> O homem e sua mulher viviam nus, e não sentiam vergonha. Quando a mulher viu que a árvore parecia agradável ao paladar, era atraente aos olhos e, além disso, desejável para dela se obter discernimento, tomou do seu fruto, comeu-o e o deu a seu marido, que comeu também. Os olhos dos dois se abriram, e perceberam que estavam nus; então juntaram folhas de figueira para cobrir-se. (Gênesis 2:25; 3;6-7)

Por que a vergonha foi uma consequência da queda? Ao pecar, Adão e Eva experimentaram em grau mil o que costumamos sentir quando vamos com o traje errado a um evento social: ambos se viram expostos diante de Deus. Ao não estarem mais em aliança com o Criador, eles conheceram o peso da sua culpa, impureza e indignação perante a santidade daquele que os fez. Com isso, ficaram envergonhados.

Mas o casal também se sentiu exposto um diante do outro. Cada um deles olha para o outro e pensa: "Eu sei o que essa pessoa fez com o Criador. Ela desobedeceu a uma ordem expressa. Ela o traiu. Se ela teve coragem de fazer isso com ele, o que não será capaz de fazer *comigo*?".[4]

---

[4]Baseado em John Piper, "A Rebelião da Nudez e o Significado das Roupas". Disponível em <www.desiringgod.org/articles/the-rebellion-of-nudity-and-the -meaning-of-clothing?lang=pt>. Acesso em 9 de abril de 2018.

Podemos ver que o *medo* brota naturalmente da vergonha. Tiveram medo um do outro, mas também de Deus. Foi por isso que se cobriram com o lamentável traje de folhas de figueira:

> Ouvindo o homem e sua mulher os passos do SENHOR Deus que andava pelo jardim quando soprava a brisa do dia, esconderam-se da presença do SENHOR Deus entre as árvores do jardim. Mas o SENHOR Deus chamou o homem, perguntando: "Onde está você?"
>
> E ele respondeu: Ouvi teus passos no jardim e *fiquei com medo*, porque estava nu; por isso me escondi". (Gênesis 3:8-10, *grifo nosso*)

Essa história é infinitamente mais triste que o exemplo da Ferrari acidentada. Foi nesse dia fatídico que o homem teve medo pela primeira vez. Não sei se ele teve medo apenas do Senhor, ou se, de repente, todo o Éden se tornou para ele uma grande casa mal-assombrada. Também não sei se foi nesse momento que aconteceu a primeira sobrecarga de adrenalina da história, levando homem e mulher a se sentirem ameaçados justamente por Aquele que os havia criado com tanto amor. Só sei que o primeiro casal rompeu com a proteção do amor: "No amor não há medo; ao contrário, o perfeito amor expulsa o medo, porque o medo supõe castigo" (1João 4:18).

É interessante que enquanto eles não sentiam medo de nada, os dois tinham algo a *temer*: o Criador. Geralmente as pessoas acham que temer a Deus é ter medo dele. Após nossa desconexão, de fato, Deus é temível, pois sua santidade se torna uma "ameaça" ao homem pecador. Porém, não é isso que significa temer a Deus. O temor pressupõe *obediência*. É uma forma de demonstrar respeito, reverência, submissão, amor, adoração, confiança. Enquanto obedeciam a Deus, o casal o amava e o temia. Quando desobedeceram à sua lei, revelaram com seus atos que não o respeitavam, adoravam nem reverenciavam; que não se submetiam mais a ele; que não confiavam no que ele dizia; que amavam mais a si mesmos do que a ele. Porém, quando deixaram de temer o Criador, precisaram ter medo de toda a criação.

O medo, como um gene ruim, foi passando geração após geração. O primogênito e Adão e Eva, Caim, mata Abel por motivos absurdamente egoístas. Diante da punição do Deus que ele nem temia mais, Caim tem a ousadia de dizer: "Meu castigo é maior do que posso suportar. Hoje me expulsas desta terra, e terei que me

Medo x ansiedade

DESCOMPLICANDO...

Embora "medo" e "ansiedade" sejam considerados sinônimos e, de fato, caminhem juntos, "medo" geralmente está associado a uma situação externa de ameaça real, que requer um comportamento de fuga ou evitação (por exemplo, fugir de um lugar que está pegando fogo); enquanto que a ansiedade é um estado emocional, sem ameaças claras que, consequentemente, não podem ser evitadas (por exemplo, não andar de elevador por achar que ele vai parar).

esconder da tua face; serei um fugitivo errante pelo mundo, e qualquer um que me encontrar me matará" (Gênesis 4:13-14).

Veja a ansiedade de Caim: ele tem medo de ser morto por quem o encontrasse por aí. Mas quantas pessoas haviam na Terra naquele momento? Umas dez? O que Caim temia era uma ameaça irreal, algo bem parecido com a ansiedade que sentimos nos dias de hoje, diante de perigos que existem apenas dentro da nossa própria cabeça. Esses perigos, porém, são o fruto de uma mente inquieta e sem paz por se encontrar distante do seu Senhor e do seu propósito.

Em toda a história da humanidade, nesses dez mil anos que nos separam do Éden, o medo só cresceu. O homem tentou controlá-lo, contorná-lo, canalizá-lo para fins mais produtivos. No entanto, todas as saídas só geraram ainda mais medo. Em vez de buscar o caminho da reconciliação com o Pai, os seres humanos vêm buscando alternativas. Ele procura se refugiar do medo escondendo-se em drogas, sexo, intelectualismo, trabalho, escola, paixões, aventuras e em tantos outros caminhos que só o levam para mais distante de Deus, e fazem o medo ficar maior e maior. Por isso, hoje nos encontramos num mundo em que tudo causa medo:

Têm medo do amor e de não saber amar
Têm medo da sombra e medo da luz
Têm medo de pedir e medo de calar
Medo que dá medo do medo que dá

Têm medo de subir e medo de descer
Têm medo da noite e medo do azul
Têm medo de fugir e medo de encarar
Medo que dá medo do medo que dá

O medo é uma sombra que o temor não desvia
O medo é uma armadilha que pegou o amor

O medo é uma chave que apagou a vida
O medo é uma brecha que fez crescer a dor

Tenho medo de gente e de solidão
Tenho medo da vida e medo de morrer
Tenho medo de ficar e medo de escapulir
Medo que dá medo do medo que dá

Tenho medo de acender e medo de apagar
Tenho medo de esperar e medo de partir
Tenho medo de correr e medo de cair
Medo que dá medo do medo que dá

O medo é uma linha que separa o mundo
O medo é uma casa aonde ninguém vai
O medo é como um laço que se aperta em nós
O medo é uma força que não me deixa andar

Têm medo de rir e medo de chorar
Têm medo de encontrar-se e medo de não ser
Têm medo de dizer e medo de escutar
Medo que dá medo do medo que dá

Tenho medo de parar e medo de avançar
Tenho medo de amarrar e medo de quebrar
Tenho medo de exigir e medo de deixar
Medo que dá medo do medo que dá

Medo de olhar no fundo, medo de dobrar a esquina
Medo de ficar no escuro, de passar em branco, de cruzar a linha
Medo de se achar sozinho, de perder a rédea, a pose e o prumo
Medo de pedir arrego, medo de vagar sem rumo

Medo estampado na cara ou escondido no porão
O medo circulando nas veias ou em rota de colisão
O medo é do Deus ou do demo, é ordem ou é confusão?
O medo é medonho, o medo domina, o medo é a medida da indecisão

Medo de fechar a cara, medo de encarar
Medo de calar a boca, medo de escutar
Medo de passar a perna, medo de cair
Medo de fazer de conta, medo de dormir
Medo de se arrepender, medo de deixar por fazer
Medo de se amargurar pelo que não se fez, medo de perder a vez

Medo de fugir da raia na hora H
Medo de morrer na praia depois de beber o mar
Medo... que dá medo do medo que dá
Medo... que dá medo do medo que dá[5]

Adão, Eva, Caim: esses são os nossos verdadeiros "ancestrais" — tomando emprestado o termo que a ciência geralmente usa para explicar a origem dos sentimentos e instintos humanos. Porém, o que ameaçou a primeira mostra da humanidade não foi um tigre dentes-de-sabre à solta no jardim. Foi o pecado deles mesmos: a mordida proibida, o assassinato do irmão. E por causa das escolhas desses ancestrais, o medo e a ansiedade se tornaram a norma para as pessoas.

Assim, diante do projeto inicial de Deus para o ser humano, que é proclamar a glória do Senhor, podemos concluir que sentir

---

[5]Lenine, Pedro Guerra, Rodney Assis. "Miedo". Intérpretes: Lenine e Julieta Venegas. In: *Lenine Acústico MTV*. Sony BGM 2006. A letra original possui estrofes em espanhol, que foram traduzidas de maneira livre para melhor compreensão do leitor.

medo e ansiedade não é normal. O homem não foi criado para ter medo, mas para viver protegido e pelo amor do Senhor e descansar nele. A ansiedade e o medo surgiram após nossa desconexão com o Senhor, e agora são normais porque "todos pecaram e estão destituídos da glória de Deus" (Romanos 3:23).

A pergunta de um milhão de dólares é: uma vez que a ansiedade é produto de um mundo em ruínas, é possível viver livres dela?

A GRANDE REFORMA

Talvez você esteja pensando que a solução é simples: para não ter mais nenhum problema de ansiedade, basta o ser humano voltar ao propósito para o qual Deus o criou.

Perfeito, é isso mesmo. O lance é que não é tão fácil quanto parece.

Gosto de pensar que em meio aos destroços do pecado, Deus está operando uma grande reforma na mente e nos corações das pessoas. Quem já conviveu com reforma sabe que não é moleza. É mais simples partir do zero do que reformar. Por quê? Porque há coisas para destruir e coisas para se preservar, há uma estrutura que já está estabelecida e precisa ser respeitada, e — o mais complicado — há gente morando *dentro* da reforma.

Desde a queda, Deus vem reformando a criação com todo mundo morando dentro.

Essa reforma, porém, consiste de mudanças estruturais, e não só de trocar a cor das paredes. O Senhor atua neste momento da história transformando corações e mentes daqueles que entregaram sua vida a Jesus. Isso é mudança profunda! Não se trata de mudar hábitos de leitura, ou a agenda de domingo, mas de ter novas prioridades, de ser verdadeiramente "nova criação" (cf. 2Coríntios 5:17).

No entanto, essa não é uma reforma que vai levar alguns dias, nem alguns anos. Ela vai durar sua vida inteira. Compreenda que enquanto o Senhor trabalha em seu coração, seu corpo ainda experimenta alguns efeitos do pecado. Mais que isso: ele ainda quer o pecado. Por mais que deseje de coração voltar ao propósito do Criador, irá descobrir que, em muitos momentos, você mesmo é o seu maior empecilho. Verá que seu coração não é constante em seu amor por Jesus, achando que é capaz de se virar na vida sem precisar de um Deus para lhe dizer o que deve fazer.

Entenda também que essa reforma não diz respeito apenas a você. Deus está trabalhando no universo todo. Afinal, a queda não afetou apenas sua existência. Seus amigos, sua família, as pessoas de influência na sua vida também estão desconectados do Senhor e de seu plano original. Isso significa que não só o seu relacionamento com Deus foi afetado, como também a relação individual delas com o Senhor. Por consequência, sua convivência com essas pessoas também está sofreu desajustes. Com isso, pode ser que você sinta que está tudo bem dentro de si mesmo, mas experimente dificuldades para vencer a ansiedade no relacionamento com os outros.

Seja como for, seu foco durante esta reforma deve ser aquilo em que você irá se tornar, uma cópia do próprio Cristo, como escreveu Paulo: "Meus filhos, novamente estou sofrendo dores de parto por sua causa, até que Cristo seja formado em vocês" (Gálatas 4:19). No dia em que isso acontecer, voltaremos a ser perfeita imagem e semelhança do Criador, e cumpriremos, sem impedimentos, a sua vontade para nós.

Saber dessas coisas é útil para entender que a ansiedade não é um problema isolado, mas se trata de um sintoma que aponta para uma causa maior, a saber, nosso afastamento em relação a Deus. Ao entender isso, você pode aproveitar melhor as estratégias para lidar com essa emoção, e usá-las de maneira mais intencional para atacar a raiz do problema, que é a distância entre você e seu Criador.

Da mesma forma, pode entender melhor como Deus está trabalhando nesta época, e participar ativamente dessa reforma, produzindo um ambiente mais descomplicado em suas relações, e ajudando outras pessoas a encontrar Deus e a sua paz neste mundo em ruínas.

CAPÍTULO **3**

DESCOMPLICANDO
o relacionamento
com Deus

PARTE **1**   A VERDADEIRA REDENÇÃO

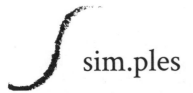 sim.ples

O **AMOR** de **CRISTO** (que excede todo conhecimento) me enche de toda a **PLENITUDE** de Deus

Imagine que você está andando em meio a uma floresta coberta de neve, e usando apenas pijama e roupão (ok, sei que parece absurdo, mas faça um esforço). Por uma causalidade, você se depara com uma grande carruagem. A dona da carruagem o convida para se sentar com ela, e lhe dá um copo de chocolate quente, o qual faz surgir com uma espécie de líquido mágico (continua sendo um absurdo, mas vamos em frente só mais um pouquinho).

Está tudo bem, até que ela sussurra em seu ouvido: *Posso fazer a comida que você quiser.* Qualquer comida do mundo! O que você escolhe?

Não sei qual seria a sua decisão, mas o Edmundo Pevensie escolheu uma taça de manjar turco.

Se você não sabe (de novo) do que estou falando, refiro-me a uma cena marcante do livro (e, posteriormente, filme) *O Leão, a feiticeira e o guarda-roupa,* uma das histórias que compõem a brilhante série *As crônicas de Nárnia.*

"O que Edmundo está fazendo de pijama aqui no meio deste livro?", você pode estar se perguntando. Edmundo está aqui porque se tornou um ansioso como você e eu. Quando ele escolheu comer o manjar turco oferecido pela dona da carruagem (que é uma feiticeira, como você deve imaginar), ele acabou se tornando preso àquele doce enfeitiçado e, portanto, à feiticeira. Para ganhar mais manjar turco, porque não era mais capaz de viver sem o doce, Edmundo traiu seus irmãos e deu ainda mais poder à feiticeira. Para se livrar do "poder" do doce, ele deveria se livrar do poder da feiticeira. Mas isso era algo que não conseguiria mais fazer sozinho, porque estava comprometido. Para Edmundo voltar a ter a liberdade que tinha antes, era necessário que alguém o resgatasse. Ou, como às vezes dizemos, o *redimisse*.

Faça as ligações mentais: você é o Edmundo, a feiticeira é o pecado, o manjar turco são as coisas que o pecado lhe oferece, e a história é a mesma: você se torna mais e mais preso ao pecado, o que lhe deixa mais e mais ansioso.

Assim, o que vou dizer agora não é nenhuma novidade. É algo totalmente óbvio, mas direi mesmo assim: o controle da ansiedade começa quando você se reconecta com Deus.

Uma vez que a ansiedade brota do medo de estar afastado de Deus, bem como do nosso estado de rebelião contra ele, é preciso voltar para o Criador a fim de descobrir o perfeito amor que lança fora o medo (1João 4:18), e caminhar na direção de ter uma mente regida pela paz:

> Não andem ansiosos por coisa alguma, mas em tudo, pela oração e súplicas, e com ação de graças, apresentem seus pedidos a Deus. E a paz de Deus, que excede todo o entendimento, guardará os seus corações e as suas mentes em Cristo Jesus. (Filipenses 4:6-7)

Acredito que todos os homens, de uma forma ou de outra, têm ansiado por essa paz de espírito. Ela, contudo, só se encontra no Pai. Em sua arrogância, o ser humano pensa que pode alcançá-la por si só. Alguns até reconhecem que essa paz só vem de um relacionamento com Deus, todavia, não menos arrogantes, creem que são capazes de chegar ao Senhor por conta própria, valendo-se de atalhos que eles mesmos constroem. Adão e Eva foram os primeiros a pensar assim. Eles tentaram pegar um atalho de volta à pureza cobrindo sua vergonha e seu medo com uma roupa de folhas de figueira. Mas o que conseguiram foi, literalmente, tapar o sol com a peneira.

Essas tentativas de buscar paz indicam, na verdade, que o ser humano possui um vazio dentro de si mesmo — "um vazio do tamanho de Deus", como escreveu o romancista russo Fiódor Dostoiévski. Esse vácuo interior traz desconforto, medo e ansiedade, mas o homem nunca sabe exatamente o que fazer para preenchê-lo. Isso mostra que nós, seres humanos, sempre fomos e sempre seremos seres religiosos. A palavra "religião", aliás, significa "religação", e ela demonstra que a humanidade nunca desistiu, ao longo da História, de se reconectar ao seu Criador.

Porém, desde o princípio, o Senhor mostra que nossas tentativas não são boas o bastante. Quando Adão e Eva fizeram a roupa de folhas, Deus indica a insuficiência daquele ato, e mata um animal para vesti-los (Gênesis 3:21). Nessa situação, o Senhor já deu mostras de que o caminho para a reconexão seria traçado por ele próprio, e que custaria o preço de uma vida inocente. Não há atalho. Entretanto, com nossa teimosia milenar, insistimos em traçar caminhos para expiar nossa culpa e preencher o vazio do coração.

O que buscamos, na verdade, não é somente a paz de espírito. Queremos *redenção*, ou seja, o aniquilamento da nossa culpa. Precisamos experimentar aquela sensação de alívio e refrigério de quem não precisa mais ficar ansioso com nada. Todos querem, de algum modo, experimentar esse tipo de liberdade.

Como vimos brevemente nas páginas passadas, só encontraremos redenção em Cristo. Porém, nem todo mundo está disposto a seguir o caminho que o evangelho apresenta, porque ele tem algumas implicações meio desagradáveis, como veremos logo mais. Mas quando busca redenção por conta própria, o homem só insiste no erro, sem encontrar nada de novo.

Inaugurados pelas folhas de figueira no Éden, os atalhos e falsos caminhos de redenção nuca deixaram de existir. Só se tornaram mais sofisticados com o passar do tempo. Podemos resumir os atalhos da presente época em dois grupos, que veremos a seguir: deuses alternativos e espiritualidades alternativas.

DEUSES ALTERNATIVOS

Em meu livro *Desconforme-se*,[1] trabalhei mais amplamente a ideia de idolatria e falsos deuses. De maneira geral, um falso deus (ou ídolo) é qualquer coisa que se torne a razão da vida de alguém. É aquilo com o que a pessoa sonha acordada, ou o alvo ao qual ela dedica seus melhores esforços. Desta forma, essa coisa ocupa o lugar que pertence, por direito, a Deus.

O mundo de hoje oferece uma infinidade de falsos deuses, praticamente um para cada ser humano. Os mais comuns em nossa cultura brasileira pós-moderna, penso eu, são a realização pessoal, a sensualidade e a liberdade. Eu diria que é a "trindade" do panteão idólatra dos nossos dias. E, é claro, também há os "semideuses", que atendem a desejos mais pessoais, como poder de influência, desejo de visibilidade, gula, preguiça... De maneira geral, essas são coisas às quais as pessoas se dedicam custe o que custar. Valorizam-nas tanto que, se as perderem (ou se não conseguirem alcançá-las), a vida não terá mais sentido, a ponto de considerarem até a morte como uma solução viável para o seu desespero.

Veja o quanto a idolatria está associada à ansiedade. Ela mobiliza todas as forças da pessoa a fim de atingir um alvo, uma realização. Enquanto não alcança o que quer, a pessoa está ansiosa, porque quer muito obter aquilo. Sonha acordada, faz planos e projetos, irrita-se com os obstáculos. Porém, se atinge o seu sonho, então *continua* ansiosa, com medo de perder ou de não conseguir manter o que alcançou. O sábio Salomão descreveu esse ciclo de ansiedade especificamente em relação ao dinheiro desta forma:

---

[1] Rio de Janeiro: Thomas Nelson, 2017.

Quem ama o dinheiro jamais terá o suficiente; quem ama as rique-
zas jamais ficará satisfeito com os seus rendimentos. Isso também
não faz sentido. Quando aumentam os bens, também aumentam
os que os consomem. E que benefício trazem os bens a quem os
possui, senão dar um pouco de alegria aos seus olhos? O sono do
trabalhador é ameno, quer coma pouco quer coma muito, mas *a
fartura de um homem rico não lhe dá tranquilidade para dormir.* (Eclesiastes 5:10-12, *grifo nosso*)

Salomão fala sobre riqueza, mas creio que o princípio se aplica
a qualquer substituto de Deus — o corpo, o poder, o prazer, etc.
Quem gasta toda a sua energia para alcançar essas coisas, nunca se
sente satisfeito com o que tem. Essa foi, por exemplo, a filosofia de
vida de John Rockfeller, o primeiro bilionário norte-americano.
Ao lhe perguntarem quanto dinheiro era o suficiente para ele, o
ricaço respondeu: "Só mais um pouquinho".

Porém, Salomão, o homem mais rico que já existiu, tão rico
que deixa Rockfeller no chinelo, afirmou que quem vive em função de qualquer coisa que não seja Deus não consegue desfrutar
daquilo que alcançou, pois tem medo de perdê-lo. Deus é a única
coisa que, quando "alcançamos", jamais iremos perder.

Por outro lado, se a pessoa não atinge esse objetivo supremo
que ela estabeleceu como motivo de vida, a depressão é certa. Não
há sentido em viver se você não consegue alcançar aquilo que lhe
dá sentido à vida. Percebe o quanto esta última frase é redundante?
É porque a vida baseada em ídolos é realmente um círculo vicioso.

Ora, veja se isso não é a receita perfeita para se viver ansioso!

A vida em função de ídolos é fonte certa de ansiedade e desola-
ção. O escritor norte-americano David Foster Wallace é uma pará-
bola real disso. Wallace foi um autor brilhante do fim do século 20,
que realizou feitos notáveis o mundo da literatura. Uma de suas
proezas foi lançar, em 1996, um livro com mais de 1.000 PÁGINAS

DESCOMPLICANDO O RELACIONAMENTO COM DEUS — PARTE 1

(sim, você leu certo: MIL PÁGINAS) — a tradução em português tem 1.144 — chamado *Infinite Jest* (traduzido como *Graça infinita*[2]). Sua segunda proeza foi vender mais de 45 mil cópias desse livro assim que acabou a turnê de lançamento.[3]

É ou não é um gênio?

Entretanto, Wallace era um gênio inseguro. Oprimido pela ansiedade e pela depressão, ele sobrevivia a base de antidepressivos, álcool e maconha. Embora se esforçasse para se livrar do vício e preservar a vida, ele tentou o suicídio em duas ocasiões, conseguindo infelizmente matar-se na terceira tentativa, em 12 de setembro de 2008.[4]

Wallace se dizia um ateu confesso; mesmo assim, sua profunda sensibilidade para com a vida o levava a perceber que o ser humano tem uma necessidade inata de adorar algo. Porém, segundo sua própria experiência, essa compulsão acabava por destruir a vida da pessoa em vez de lhe dar o que desejava. Em um discurso que proferiu em 2006 aos formandos do Kenyon College, ele interpretou esse sentimento com as seguintes palavras:

> Todo o mundo adora alguma coisa. A única escolha que temos de fazer é o que adorar. E a razão persuasiva para, talvez, escolhermos um tipo de deus ou algo espiritual para adorarmos — Jesus ou Alá; Iavé ou uma deusa Wicca; as Quatro Verdades Nobres ou qualquer conjunto infrangível de princípios éticos — é que praticamente qualquer outra coisa que você adore o comerá vivo.[5]

---

[2]São Paulo: Cia das Letras, 2014.
[3]Alexandre Ferraz Bazzan. "David Foster Wallace, o escritor da solidão". Disponível em <cultura.estadao.com.br/noticias/literatura,david-foster-wallace-o-escritor-da-solidao,1760855>. Acesso em 12 de abril de 2018.
[4]Idem.
[5]Apud Tim Keller. *Igreja centrada*. São Paulo: Vida Nova, 2012, p. 42.

Wallace compreendeu que tudo aquilo a que o homem adora na esperança de encontrar sentido e satisfação exigirá mais energia e dedicação do que irá retribuir. Essa insatisfação, esse gosto amargo de ser enganado, de pedir e não ser atendido, lança a pessoa numa espiral de depressão e ansiedade, como aconteceu ao próprio Wallace.

ESPIRITUALIDADES ALTERNATIVAS

Não são todas as pessoas, contudo, que suprimem a necessidade de Deus com um falso ídolo. Muita gente prefere assumir abertamente sua carência por uma experiência espiritual. Porém, em vez de caminhar em direção ao verdadeiro Deus, revelado em Jesus, alguns indivíduos sentem-se muito mais atraídos a um conceito mais "aberto" de divindade. Como mostrei em *Desconforme-se*, essa é uma tendência do pós-modernismo, que tem calafrios diante de coisas que se apresentam como "verdades absolutas". Na nossa cultura pós-moderna, "Deus" não é mais uma entidade, mas um *conceito*. Essa palavra deixou de significar o "ser supremo" para representar uma "força maior", uma "luz", um "pensamento positivo". No livro, mostrei que o brasileiro pós-moderno não sente necessidade de se filiar a uma religião tradicional para "desenvolver" o seu lado espiritual, mas prefere experimentar várias vertentes religiosas a fim de construir sua própria fé e, porque não, seu próprio deus.

Uma linha religiosa que tem se popularizado é a espiritualidade oriental, principalmente porque tem essa pegada de descomplicar e desacelerar, tão valorizada pelo mundo ocidental cronicamente ansioso. Encontramos ensinos da espiritualidade oriental em assuntos aleatórios. Monges budistas dão dicas de organização para se livrar da tralha que acumula energia negativa em seu lar, e o *feng shui* chinês ensina como decorar a casa para fazer a energia

A espiritualidade oriental

DESCOMPLICANDO...

De maneira geral, essa espiritualidade se apoia sobre o conceito de que Deus não é um Ser pessoal, específico, mas uma energia suprema. Dessa energia vieram todas as coisas. Assim, Deus é tudo, e tudo é Deus. No início, tudo estava unificado nessa energia, nesse UM, mas devido à ação da ilusão, esse UM se fragmentou em várias partes, dando origem a todas as coisas da forma que existem hoje. Agora cada fragmento deve buscar voltar à unidade inicial.

O ser humano é um desses fragmentos. No entanto, diferentemente de vegetais, pedras e os outros animais, ele consegue se perceber neste espaço e buscar intencionalmente a unicidade. Isso o faz especial em relação às demais coisas, deixando-o num estado mais próximo de unificação que as outras formas existentes no universo.

fluir melhor. A medicina indiana *ayurveda* busca manter o corpo saudável ao equilibrá-lo com as leis da natureza, e a saúde mental pode ser alcançada com vários tipos de meditação: *vipassana*, transcendental, budista, *mindfulness*, *kriya* yoga...

Tudo isso é baseado em sabedoria milenar (*sempre* é milenar, reparou?), e se apresenta como uma solução despretensiosa, porque não exige que a pessoa abandone sua religião ou fé para se dedicar a essas práticas. Acredito que esse é, na verdade, o grande chamariz da espiritualidade oriental: ela não é exclusivista. Cai como uma luva para uma cultura que tem por lema a máxima "Eu sou de ninguém. Eu sou de todo mundo, e todo mundo é meu também".

A espiritualidade oriental apresenta um caminho totalmente diferente do cristianismo e das religiões tradicionais. Enquanto estas requerem do fiel justamente a *fidelidade* — ou seja, se você é cristão, não pode ser muçulmano, e vice-versa — o espiritualismo do oriente é muito mais *light* porque não afilia você a nada. Você não precisa se tornar budista ou hindu para fazer meditação; basta incorporar em seu cotidiano algumas práticas dessas filosofias que farão muito bem à sua mente. Por isso, essa espiritualidade não se considera uma religião, e nem faz proselitismo. Você não encontrará discípulos do *feng shui* distribuindo folhetos nas ruas e convidando você a rearranjar sua casa para adorar um determinado Ser Supremo. A conexão com esse Ser é totalmente opcional. "Não há compulsão para se lembrar desta alma e nenhuma ameaça de ser condenado caso não o faça. Deus não busca ser adorado."[6]

Esse tipo de espiritualidade é o primeiro ao qual muitos recorrem quando tentam driblar a ansiedade. Como pensando que estão ansiosos por causa da correria da vida contemporânea e do excesso de informação e cobranças que o homem pós-moderno experimenta, a austera imagem de um monastério budista, mergulhado em silêncio no topo de uma montanha, soa muito convidativa.

E meditação funciona? Pode até funcionar, mas essa não é a questão. A pergunta certa é: ela é o caminho verdadeiro para a paz?

Se partirmos do princípio bíblico de que somente a verdade e nada além da verdade pode libertar o ser humano (cf. João 8:32); um princípio construído sobre o fato de que Jesus é a Verdade (João 14:6), e que ele oferece a libertação real ao homem, então

---

[6]"Deus", em "Filosofia Raja Yoga". Disponível em <www.brahmakumaris.org.br/o-que-fazemos/raja-yoga/deus>. Acesso em 12 de abril de 2018.

DESCOMPLICANDO O RELACIONAMENTO COM DEUS — PARTE 1

precisamos investigar se o que a espiritualidade oriental oferece é liberdade ou um par de algemas estilosas para o ser humano.

O espiritualismo oriental parte do princípio de que a divindade é um ser *impessoal*, ou seja, ele não tem nome, personalidade, caráter, nada que faça dele uma *pessoa*. Por isso, é entendido como uma "energia", algo que você sente, mas com que não pode se relacionar.

Se isso fosse verdade, se a humanidade tivesse derivado de uma energia impessoal, então não seríamos pessoas. Simples assim. É até difícil imaginar o que seríamos; talvez energias menores, uma espécie de raio que emana do Sol, ou ecos de uma vibração cósmica ressoando pelo espaço. De qualquer forma, seríamos qualquer coisa exceto pessoas. Apenas seres pessoais criam pessoas.

A prova máxima de que o Deus Criador é um Ser pessoal, ou seja, de que ele não é uma "força" ou "energia", mas uma "Pessoa", está no fato de ele ter se revelado em *carne* (ou seja, ter-se tornado um ser de carne e osso):

> Aquele que é a palavra tornou-se carne e viveu entre nós. Vimos a sua glória, glória como do Unigênito vindo do Pai, cheio de graça e de verdade. (João 1:14)

> O Filho é o resplendor da glória de Deus e a expressão exata do seu ser. (Hebreus 1:3)

E a prova máxima de que nós derivamos de um Ser pessoal, e não de uma força suprema está no fato de que somos pessoas e precisamos de outras pessoas para nos relacionar.

Afastadas de Deus, as pessoas buscam conexão em sexo, amizades, redes sociais, porque possuem um profundo anseio, inserido em nós pelo próprio Criador, de terem relacionamentos íntimos e significativos. A espiritualidade oriental não oferece isso, então os indivíduos têm de encontrá-lo por conta própria, e vão atrás de intimidade em todos os lugares errados. Porém, nenhum relacionamento humano é capaz de transmitir o mesmo nível de proximidade, nem comunicar a mesma significância quanto ter Jesus vivendo dentro de você, e vice-versa.[7]

Dessa forma, embora a espiritualidade oriental proponha uma versão mais zen da vida, levando as pessoas a se desapegarem das coisas materiais em vista das coisas espirituais (o que é um ensino muito bom, aliás), ela pode ser fonte ainda maior de ansiedade ao privar a pessoa de uma conexão pessoal e íntima com o Criador.

CHEGA DE ATALHOS!

Muitos costumam ver o cristianismo como "mais uma religião", baseada em moralismo e num monte de normas. Mas não é nada disso. Ele não é uma religião, mas o relacionamento com uma Pessoa. Enquanto as outras religiões, os deuses alternativos e a espiritualidade alternativa tentam oferecer soluções para os seus problemas, inclusive para a ansiedade, Jesus quer que você se relacione intimamente com ele. Só isso. Ele garante que se você fizer isso, não vai precisar de mais nada:

> Venham a mim, todos os que estão cansados e sobrecarregados, e eu lhes darei descanso. Tomem sobre vocês o meu jugo e *aprendam de mim, pois sou manso e humilde de coração, e vocês encontrarão descanso para as suas almas.* Pois o meu jugo é suave e o meu fardo é leve. (Mateus 11:28-30, *grifo nosso*)

---

[7] Cameron Cole. "Teach the Real 'Personal Relationship with Jesus'" [Ensine o real "Relacionamento pessoal com Jesus"]. Disponível em <www.thegospelcoalition.org/article/teach-the-real-personal-relationship-with-jesus/>. Acesso em 13 de abril de 2018.

DESCOMPLICANDO O RELACIONAMENTO COM DEUS — PARTE 1   **83**

Não busquem ansiosamente o que comer ou beber; não se preocupem com isso. Pois o mundo pagão é que corre atrás dessas
coisas; mas o Pai sabe que vocês precisam delas. Busquem, pois, o
Reino de Deus, e *essas coisas lhe serão acrescentadas.* (Lucas 12:29-31,
grifo nosso)

Em termos simples, esse relacionamento íntimo com Jesus é
tê-lo no seu coração enquanto você mora no coração dele. Você
não está perto de Jesus, você se torna um com ele.[8]

Se essa mensagem é tão boa, sem consumir nada de você, como
fazem os deuses alternativos; e tão leve, bem mais simples do que
conseguir se concentrar em nada para esvaziar sua mente numa ses-
são de meditação transcendental, por que ela ainda é tão desprezada?

Falei há algumas páginas que a redenção em Cristo traz algumas
implicações desagradáveis para o ser humano. Na verdade, a implicação é uma só: a redenção cristã declara em alto e bom som a nossa
perdição do ser humano.

Enquanto o evangelho da salvação em Jesus é uma boa notícia (é
isso, aliás, que significa a palavra *evangelho*: "boa notícia"), ele também implica uma série de notícias que podemos considerar ruins
do ponto de vista humano:

• Preciso ser salvo porque estou perdido;
• Preciso ser salvo porque não posso salvar a mim mesmo.
• Preciso ser salvo por que estou na mira da ira de Deus por
  causa do meu pecado, e não tenho condições de resolver isso.

O apóstolo Paulo apresenta essas "más" notícias em um trecho
de sua carta aos Efésios:

---

[8]Idem.

> Vocês estavam mortos em suas transgressões e pecados, nos
> quais costumavam viver, quando seguiam a presente ordem deste
> mundo [...]. Como os outros, éramos por natureza merecedores da
> ira [de Deus]. (2:1-2a,3b)

Feche os olhos e pense um pouco na implicação disso na sua vida. Baseado apenas em suas atitudes, quem é você diante de Deus? Pense em pessoas que causaram mal a você, à sua família, à sua cidade, ao seu país, ao mundo inteiro — criminosos, genocidas, ditadores. Diante de Deus, você (por conta própria) está em pé de igualdade com eles, não pelos pecados que cometeu, mas porque nem você e nem eles podem salvar-se a si mesmos. "Como os outros, éramos por natureza merecedores da ira".

Conseguiu perceber por que essa mensagem é impopular? Ninguém quer ser considerado ruim. Todos nós cremos piamente que somos gente boa e que merecemos as coisas legais que acontecem conosco; e se elas não acontecem, acreditamos que deveriam acontecer. De maneira natural, o ser humano não consegue aceitar sua perdição e necessidade de ser salvo. É isso que significa "estar morto espiritualmente". É muito duro você reconhecer que é um fracassado, e que precisa de ajuda para limpar a sua própria sujeira. Porém o Espírito deixa bem claro em sua Palavra que estamos todos no mesmo barco. Toda a raça humana está confinada num transatlântico que vai rio abaixo em direção à uma forte corredeira.

Triste, né? Mas é a verdade, inclusive para mim e para você. Porém, é nesse contexto de desespero que chega a boa notícia do evangelho:

> Todavia, Deus, que é rico em misericórdia, pelo grande amor com
> que nos amou, deu-nos vida em Cristo, quando ainda estávamos
> mortos em transgressões — pela graça vocês são salvos. (vs. 4-5)

Não podemos entender o evangelho como uma notícia alegrinha, uma novidadezinha que vai deixá-lo mais feliz ou mais perto de Deus. Você precisa receber e entender essa boa notícia à luz da má notícia que mostra quem você realmente é. O que o evangelho conta é que você foi resgatado da ira de Deus, a qual merecia completamente e da qual não poderia escapar; e não apenas de que escapou dessa ira, mas foi reconectado com Deus pelo mérito de uma única pessoa — Cristo, o Filho encarnado — a despeito da nossa incompetência cósmica (que é o que Paulo explica muito melhor que eu no verso 5).

É importante compreender que o evangelho não gira em torno de nós, mas em torno de Cristo, porque foi ele quem nos livrou da ira do Senhor, quem pagou o preço pelos nossos pecados (morrendo por nós), quem nos reconectou com o Pai e ainda nos concedeu todas as bênçãos que alcançou por sua obediência.

O evangelho anuncia, sim, o amor de Deus por nós, mas este amor não pode, de modo algum, estar desassociado da pessoa e da obra de Cristo. Muitos pregam o evangelho como sendo apenas a verdade de que Deus nos ama. Isso é real, mas é só metade da história. O amor de Deus não é oferecido separadamente do sacrifício de Cristo por nós, como diz no famoso texto de João 3:16: "*Porque* Deus tanto amou o mundo *que* deu o seu Filho Unigênito". Se focarmos apenas no imenso amor de Deus, perdemos de vista que sua justiça precisou ser satisfeita. Ele não simplesmente ignorou nossos pecados. Alguém teve de pagar por eles, e esse alguém foi Jesus. Sem Cristo, não há salvação nem boa notícia. Dependemos totalmente dele para nossa salvação, como Paulo prossegue dizendo aos efésios:

> Pois vocês são salvos pela graça, por meio da fé, e isto não vem de vocês, é dom de Deus; não por obras, para que ninguém se glorie. (vs. 8-9)

Assim, Jesus tem de ser o centro da nossa nova vida, porque ela depende totalmente dele. Ele vive em seu coração, e você vive no coração dele.

O evangelho e a ansiedade

Isso tudo pode parecer um grande blábláblá teológico, mas tem implicações profundas para o seu cotidiano. Como falamos antes, todas as áreas da sua vida foram afetadas pelo pecado. O evangelho, contudo, tem o poder de restaurar todas elas, inclusive a sua mente ansiosa.

A palavra grega para "ansiedade", utilizada na Bíblia, é *merimna*, que significa literalmente "estar em pedaços". Jesus faz uso dessa palavra de uma maneira muito inteligente num dia em que visitava suas amigas Marta e Maria. O texto bíblico de Lucas 10 conta que Marta andava pra cima e pra baixo, fazendo um monte de coisas. Maria, por outro lado, sentou-se aos pés de Jesus e não saiu mais de lá. Chega uma hora, então, em que Marta começou a ficar incomodada com a irmã e diz para Jesus: "Senhor, manda minha irmã parar de ser preguiçosa e me ajudar, porque tem um monte de coisa para fazer!" Jesus, então, responde Marta, fazendo um trocadilho com a palavra *merimna*: "Marta! Marta! Você está *merimna* com *muitas coisas*; todavia apenas uma é necessária. Maria escolher *a boa parte*, e esta não lhe será tirada" (vs. 41-42).

Marta estava ansiosa porque a mente dela estava dividida em milhares de pedaços, um pedaço para cada preocupação que ela tinha na cabeça. Diante disso, é como se o Senhor tivesse lhe dito: "Você está ocupada com quinhentas coisas, e eu sou só uma delas. Valeu Marta, fico feliz por ser uma das quinhentas coisas com as quais você está preocupada agora. Não fico ofendido, mas você estará sempre ansiosa até que eu seja a única coisa com a qual você se preocupa".

Quantas vezes não fazemos a mesma coisa? Perdemos a paz e o sono porque nossa cabeça quer resolver milhares de coisas ao mesmo tempo, e fica com medo de centenas de possibilidades que podem nunca se concretizar. Uma ferramenta para vencer a ansiedade é *ser focado*. Em quê? Em Cristo. Em tudo o que você aprendeu acerca dele nesse capítulo, e em toda a sua vida. Foque em seu amor, sua soberania, sua bondade e sua promessa de restaurar todas as coisas. Ocupe-se disso para não ter que se *pre*ocupar com as demais coisas.

Não é à toa que a sequência do famoso versículo "Busquem, pois, em primeiro lugar o Reino de Deus e a sua justiça" é "Portanto não se preocupem com o amanhã, pois o amanhã trará as suas próprias preocupações. *Basta a cada dia o seu próprio mal*" (Mateus 6:34, *grifo nosso*). Ficamos ansiosos porque tentamos resolver hoje o mal de amanhã. Jesus ensina que cada dia terá os seus próprios dilemas. O que você faz? Foca na graça de Deus *hoje* para resolver as questões de *hoje*.

Paulo reforça a necessidade de manter a mente ocupada da coisa certa para não ficar dividida, ansiosa, com diversas outras coisas:

> Não andem ansiosos por coisa alguma, mas em tudo, pela oração e súplicas, e com ações de graças, apresentem seus pedidos a Deus. E a paz de Deus, que excede todo entendimento, guardará o coração e a mente de vocês em Cristo Jesus.
>
> Finalmente, irmãos, tudo o que for verdadeiro, tudo o que for nobre, tudo o que for correto, tudo o que for puro, tudo o que for amável, tudo o que for de boa fama, se houver algo excelente ou digno de louvor, pensem nessas coisas. (Filipenses 4:6-9)

Segundo o apóstolo, uma maneira de não ficar ansioso, dividido, é ocupando a mente com o que ele descreve no trecho final. Em vez de se inquietar com pensamentos do tipo "E se isso", "E se aquilo",

"Ainda tenho que fazer isso", "Não vou dar conta daquilo" e etc., ocupe-se de coisas que realmente valem a pena estar na sua cabeça:

- Coisas **verdadeiras**, e não hipóteses irreais;
- Coisas **nobres** (ou seja, respeitáveis), e não o que Fulano ou Sicrano pensarão a seu respeito;
- Coisas **corretas**, e não mentiras do tipo "Deus me abandonou" ou "O mundo vai acabar se isso acontecer (ou não acontecer)";
- Coisas **puras**, e não divagações imorais sobre a motivação dos outros;
- Coisas **amáveis** e não formas maldosas de agir nas situações;
- Coisas de **boa fama**, ou seja, que tragam alegria;
- Tudo isso se resume em:
- Coisas **excelentes**, ou seja, boas por natureza;
- Coisas **louváveis**, ou seja, pensamentos que possam ser exibidos num telão no centro da sua cidade e não matá-lo de vergonha.

Além de ocupar a cabeça com esse tipo de coisa, Paulo também orienta seu leitor a fazer outra coisa para combater a ansiedade: "pela oração e súplicas, e com ações de graças, apresentem seus pedidos a Deus". Todos nós sabemos que devemos orar quando estamos ansiosos e pedir a ajuda do Senhor. Mas há um detalhe nessa passagem bíblica que, muitas vezes, passa despercebida: devemos fazer isso *com ações de graça*. O que Paulo ensina é que devemos pedir agradecendo. Agradecendo pelo quê? Pelo que você está pedindo! Mas como ser grato por algo quando você acabou de pedir e que ainda nem foi atendido?

Infelizmente não cultivamos a gratidão como deveríamos. Tudo o que aprendemos na infância é que "obrigado" é uma "palavrinha mágica" que faz de você uma pessoa bem-comportada e agradável diante dos adultos. Na vida real, porém, a gratidão é muito mais que dizer obrigado pelo que você recebeu. Ser grato não é dizer uma palavra quando alguém lhe fez alguma coisa. É uma atitude do seu coração. Quando somos gratos, reconhecemos que ninguém — nem Deus, nem as pessoas — nos deve coisa alguma. Ninguém tem obrigação de ser gentil com você — nem mesmo quando você está pagando pelo serviço daquela pessoa ou daquela empresa. E tampouco Jesus tem a obrigação de escutá-lo e fazer o que você está pedindo e esperando. Quem é grato de coração sabe disso, e se comporta com humildade diante das pessoas e diante do Senhor.

Por isso — porque a gratidão é uma atitude, e não uma palavra — podemos ser gratos a Deus antes mesmo de lhe apresentar os seus pedidos. Você pode dizer a ele: "Senhor, seja lá qual for a resposta que tu deres ao meu pedido, creia ela será boa, porque o Senhor é bom. Eu não mereço a tua atenção, nem mesmo a tua resposta, por isso e eu já te agradeço, porque confio na tua bondade, na tua graça e misericórdia".

Quando agimos assim, com gratidão, "a paz de Deus, que excede todo entendimento, [guarda] o coração e a mente de vocês em Cristo Jesus". Ter paz é confiar no sábio controle de Deus sobre a sua vida. O contrário de paz é ansiedade.

Assim, diante de uma crise ansiosa, você pode fazer duas coisas: ouvir seu coração ou falar com ele. Se escolher a primeira opção, senta porque lá vem história... Vai ser aquela ladainha: "E se isso, e se aquilo", "E se der certo, e se der errado", "Ai meu Deus, tem isso, tem aquilo", etc.

Porém, você pode optar por falar em vez de ouvir. Foi o que a pessoa que escreveu o salmo 42 fez:

> Por que você está assim tão triste, ó minha alma? Por que está assim tão perturbada dentro de mim? Ponha a sua esperança em Deus! Pois ainda o louvarei; ele é o meu Salvador e o meu Deus. (v. 5 e v. 11)

Veja que o salmista fala com o próprio coração. E o que ele diz? Não conta uma piada para dar uma distraída. Ele prega o evangelho ao coração: a minha esperança está em Deus, meu Salvador. É o que você tem de fazer durante a ansiedade: lembrar-se quem você é em Cristo, e de quem ele é em você. Pregue a si mesmo: "Não se esqueça, coração, de que você é enganoso e rebelde contra Deus. Você não deseja a vontade dele naturalmente, e é por isso que fica ansioso, porque se ocupa dos seus próprios planos. E quer saber? Você não tem a mínima condição de fazer seus planos darem certos. E como você sabe disso, fica ansioso. Mas em vez de se preocupar, descanse, coração, no controle de Deus sobre todas as coisas. Não se esqueça de que foi ele quem fez você e quem o salvou. Confie no amor dele. Foque nisso. Seja grato pelo amor que ele já demonstrou. Você pode descansar nisso porque tudo o que ele fez por você, e as coisas que prometeu que ainda fará, estão baseadas na obra de Cristo, e não na sua capacidade. Por isso, coração, se acalme."

A ansiedade vem dar ouvidos ao seu coração. A paz de Deus vem quando você fala com ele sobre Jesus, e com Jesus sobre ele.

CAPÍTULO **4**

DESCOMPLICANDO
o relacionamento
com Deus

PARTE **2** DESENVOLVENDO
INTIMIDADE COM O SENHOR

sim.ples

Eu vivo no coração de **Cristo**

Cristo vive no meu coração

com.pli.ca.do

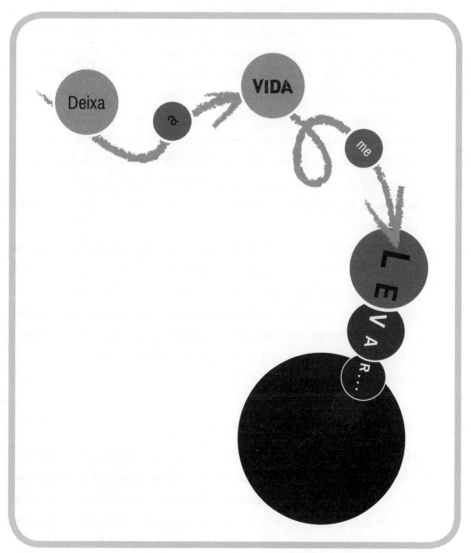

Comecei o capítulo passado dizendo que o controle da ansiedade começa quando você se reconecta com Deus.

Essa reconexão, como vimos, só é possível por meio de Jesus, que pagou o preço dos nossos pecados e se tornou, portanto, o único caminho até Deus. Porém, como também vimos, seguir a Cristo (ou seja, ser *cristão*) não é dizer: "Jesus, valeu por me salvar. Agora dá licença que vou viver a vida do jeito que eu tava pensando". A maioria das pessoas não diz isso, é verdade, mas muita gente *age* assim. De forma prática, elas entendem que o inferno é um problema que precisa ser resolvido. Agora que creem em Jesus, não há mais problema. Podemos voltar à programação normal.

Nada disso. Jesus não é uma religião que você segue para se livrar do inferno. Jesus é uma *pessoa* com quem você se *relaciona*. É desse relacionamento que vem a transformação da sua vida, e no qual você consegue encontrar forças para lutar contra a ansiedade.

Neste capítulo, veremos duas áreas em que você deve trabalhar a fim de desenvolver sua relação com Cristo e se tornar um com ele: meditação na Palavra e vida de oração.

MEDITAÇÃO NA PALAVRA

Hoje em dia, a palavra "meditação" quase sempre está associada à espiritualidade oriental, da qual falamos no capítulo passado. Entretanto, o que muitos ignoram é que essa prática tem raízes cristãs muito mais milenares do que a versão praticada no oriente. Vemos muito comentários sobre meditação na Bíblia:

DESCOMPLICANDO O RELACIONAMENTO COM DEUS — PARTE 2   **95**

Como é feliz aquele que não segue o conselho dos ímpios, não imita a conduta dos pecadores, nem se assenta na roda dos zombadores! Ao contrário, sua satisfação está na lei do SENHOR, e nessa lei *medita* dia e noite. (Salmos 1:1-2, *grifo nosso*)

Grandes são as obras do Senhor; nelas *meditam* todos os que as apreciam. (Salmos 111:2, *grifo nosso*)

Fico acordado nas vigílias da noite, para *meditar* nas tuas promessas. (Salmos 119:148, *grifo nosso*)

Eu me recordo dos tempos antigos; *medito* em todas as tuas obras e considero o que as tuas mãos têm feito. (Salmos 143:5, *grifo nosso*)

Lendo esses versos, você consegue perceber uma diferença básica entre a medição oriental e a cristã? Trata-se do *conteúdo*. Enquanto na meditação transcendental a pessoa esvazia a mente para se conectar com o Ser Supremo, o cristão *enche* a sua mente para ser um com o Criador. E ele enche a mente com quê? Com a Palavra desse Criador.

Muita gente considera a Bíblia como um livro cheio de regras; o que faz de Deus um fiscal cuja única função é ver se você cumpriu tudo direitinho. Outras acham que ela é um livro mágico, uma espécie de amuleto para trazer proteção e prosperidade.

Nem uma coisa nem outra. A Bíblia é a *comunicação* de um Deus pessoal, escrita por ele mesmo para que as pessoas o conheçam e se relacionem com ele.

Entenda que não há outro meio de se relacionar com o Senhor e obter restauração se não for pela sua Palavra. Ir à igreja, ler livros cristãos e assistir a pregações são práticas boas, mas nenhuma delas pode transformar a sua vida, pois só a Palavra de Deus tem poder para fazer isso.

Por quê? Porque você foi *criado* por essa mesma palavra:

Mediante a palavra do Senhor foram feitos os céus [...]. Pois ele falou, e tudo se fez; ele ordenou, e tudo surgiu. (Salmos 33:6,9)

Aquele que é a Palavra estava no mundo, e o mundo foi feito por intermédio dele, mas o mundo não o reconheceu. (João 1:10)

Pela fé entendemos que o universo foi formado pela palavra de Deus, de modo que aquilo que se vê não foi feito do que é visível. (Hebreus 1:3)

Você já deve saber que seu corpo é formado principalmente por água — 70% de você se resume a um átomo de oxigênio ligado a dois de hidrogênio. A água, porém, não está presente apenas na sua composição química. Ela é parte fundamental da sua vida. A ciência calcula que o ser humano não consegue sobreviver mais que três dias sem ingerir água; e podemos expandir a importância dela pensando no quanto ela é vital para a produção dos alimentos que consumimos, desde o cultivo até o preparo final.

Agora, seu corpo é formado 100% pela palavra de Deus, tanto física quanto espiritualmente. Foi pela palavra dele que você existiu (Isaías 41:4), e é essa mesma palavra que mantém no lugar todas as células e todos os átomos do seu corpo (cf. Hebreus 1:3, "sustentando todas as coisas por sua palavra poderosa"). E se você foi reconectado com ele por meio de Jesus, isso também foi obra dessa palavra (Tiago 1:18).

Você deve concluir, então, que a Palavra de Deus é muito mais importante que água. Jesus pensava isso, pois disse: "Nem só de pão viverá o homem, mas de toda palavra que procede da boca de Deus" (Mateus 4:4). Ok, ele estava falando de pão, não de água, mas o princípio aqui é o de que o ser humano é sustentado pela palavra de Deus, e não por comida nem bebida.

Assim, para se tornar um com Cristo e ter sucesso na sua batalha pessoal contra a ansiedade, você precisa desesperadamente da Palavra dele.

Gostaria de salientar aqui três atitudes que devemos ter em relação à Palavra, se quisermos ser transformados por ela: ouvi-la, meditar nela e praticá-la.

Ouvir

A atitude que mais ensurdece as pessoas é quando elas se acham as donas da razão. Já tentou conversar com alguém que pensa que ele — ou, pior, que *só* ele — está certo? É quase tão produtivo quanto conversar com uma garrafa.

Parece-me, aliás, que esse comportamento está se tornando cada vez mais comum. No mundo de hoje, todo mundo tem uma opinião. É impressionante como as pessoas querem falar e se mostrar. No meio acadêmico isso é muito estimulado. A academia incentiva você a ser um questionador e a impor a sua verdade; caso contrário, alguém fará isso por você. Tudo tem contribuído para que, neste mundo pós-moderno, tenhamos cada vez mais dificuldade de ouvir o que os outros têm a dizer.

Esse comportamento arrogante, entretanto, não nos deixa surdos apenas para os outros, mas também para o próprio Deus. Muitas pessoas leem a Bíblia, mas não ouvem o Senhor falar porque estão lendo apenas para confirmar o que elas já pensam e (acham que) sabem. Foi o que aconteceu no princípio, quando Eva resolveu ouvir a serpente dizendo que a mulher poderia saber mais do que Deus, ou seja, que não precisaria mais ficar atenta às palavras do Criador. Eva poderia ser autônoma, e isso seduziu o coração dela. Essa história vem se repetindo desde então. O homem continua preferindo ouvir a voz do mundo, do próprio coração ou de Satanás em vez de prestar atenção à voz de Deus. O desafio que se coloca para nós hoje é restabelecer a relação rompida no Éden a fim de ouvir a voz de Deus.

Acredito que isso só é possível depois que você tomar algumas importantes decisões em sua vida. A primeira é parar de falar. Na verdade, parar tudo por um instante.

Já observamos o trecho do evangelho de Lucas em que Jesus vai à casa de Marta e Maria. Diferentemente da irmã, Maria resolveu parar tudo para ficar "sentada aos pés do Senhor, ouvindo a sua palavra" (10:39). Não é possível ouvir o Senhor enquanto você está ocupado com outras coisas. Não sei você sabe, mas Jesus não usa WhatsApp. Ele não vai lhe mandar uma mensagem para você ver quando tiver um tempo sobrando, ou para responder entre uma pausa e outra ao longo do seu dia. Não. Jesus conversa sentado, cara a cara, como fez com Maria. Se você quiser ouvir a voz do Mestre, aprenda com essa irmã: sente-se aos pés dele para ouvi-lo, e não faça nada mais enquanto estiver sentado ali.

A segunda decisão é estar atento para ouvir a voz de Deus em meio às experiências do dia a dia. Pode parecer que essa segunda decisão é o oposto da primeira; então, deixe-me explicar. Quando você cultiva momentos apenas para ouvir Deus, como Maria fez, você cria uma sensibilidade à voz do Senhor, e vai ouvindo-o ensinar diversas coisas a você ao longo do dia. Em várias situações cotidianas, se você está conectado com o Senhor, será capaz de aprender, ser confrontado, ser consolado, ser relembrado de verdades eternas e muito mais.

Isso aconteceu uma vez comigo, porém não é algo de que eu tenha orgulho. Fui fazer uma prova de geometria sólida, mas sem ter estudado nada. Na mesa, com a prova na mão, orei, pedindo um milagre. Imediatamente, meu colega de trás, que não era cristão, me disse em tom sarcástico: "Se não estudar, Deus não vai ajudar".

Aquilo foi como uma espada atravessando o meu coração. Deus usou uma pessoa que nem tinha compromisso com ele para me ensinar algo fundamental: o Senhor faz milagre, e não mágica. Deus pode trazer à memória o que sei, mas não fará a mágica de me lembrar do que não sei. Se ele agisse assim, eu certamente me tornaria um preguiçoso e descompromissado, porque jamais estudaria para outra prova. É óbvio que tirei zero. Tomei vergonha na cara e fui estudar para a próxima.

Eu poderia ter me ofendido com a fala do meu colega e fechar o coração. Porém, não veria que aquela era, na verdade, a voz de Deus, usando quem ele quis para orientar seu filho.

Graças a Deus, em outro momento da minha vida, Deus me concedeu a graça de ser sábio e ouvir o conselho dele por meio dos lábios de outra pessoa. Logo que formei no CEFET (Centro Federal de Educação Tecnológica de Minas Gerais), quis muito estudar Teologia. Cheguei a participar de uma prova de seleção e fiquei em segundo lugar. Levei, então o resultado da seleção para o meu pai. Ele, porém, não me deu a resposta que eu queria ouvir naquele momento. Meu pai me aconselhou a fazer o curso de Química primeiro, para depois me dedicar à teologia. Confesso que fiquei bastante frustrado, mas pedi a direção de Deus e ele confirmou aqueles conselhos.

Hoje vejo que foi bom ouvir meu pai. Sou formado em Teologia e Química e, por essa razão, posso levar a Palavra de Deus a lugares que não poderia entrar se tivesse estudado somente Teologia. Há alguns anos, por exemplo, tive a honra de dirigir um curso superior de Química na UninCor (Universidade Vale do Rio Verde), na cidade de Betim, MG. A universidade ofereceu um curso para todos os diretores na cidade de Três Corações, e todos os sábados no reuníamos na van para fazer aquela longa viagem. Passávamos muito tempo conversando, e certa vez, os outros diretores disseram que era incompatível eu crer em Deus e ser cientista ao mesmo tempo. Aproveitei a oportunidade para lhes mostrar que o conhecimento da ciência, sem manipulações, aponta claramente para a existência de um Deus. Só pude ter essa conversa, e receber a atenção e o respeito deles, por causa da minha formação em Química. Ali, meus dois mestrados em Teologia não serviram muito. Passados alguns dias, esses mesmos diretores me procuraram e pediram para fazer com eles uma reunião semanal de oração e leitura da Bíblia. Pude pregar para doutores sobre a obra do Espírito Santo porque, anos antes, dei ouvidos à sua voz, dirigida a mim por meio do meu pai.

A terceira e última decisão que você deve tomar é, na verdade, um incentivo: saber que não ouvir traz consequências. Em sua carta, Tiago, um irmão de Jesus, faz o alerta:

> Meus amados irmãos, tenham isto em mente: Sejam todos prontos para ouvir, tardios para falar e tardios para irar-se, pois a ira do homem não produz a justiça de Deus. (Tiago 1:19-20)

O texto mostra de forma contundente qual é o final de quem não ouve e só quer falar: busca a própria justiça. Essa pessoa perde o controle de suas ações, age da forma errada, magoa os outros. Falar sem ouvir é o primeiro passo para desenvolver a ira, em nós e nos outros. As palavras que dizemos nunca se apagam: continuam reverberando e sempre voltam, contra nós ou a nosso favor.

Muitas vezes, a ansiedade impede as pessoas de ouvir. Estão tão agitadas e só querem falar, falar e falar. Acham que todos que cruzam o seu caminho são terapeutas voluntários, e falam sem dar chance de o outro responder (porque, na verdade, o ansioso não quer uma resposta, ele só quer ventilar sua ansiedade), e menos ainda de saber como o outro está.

Não percebemos o quanto a ansiedade nos torna pessoas egoístas, autocentradas. A ansiedade pode até ser gerada pela preocupação

Dicas para ouvir mais e falar menos

DESCOMPLICANDO...

- Procure ouvir pessoas mais experientes (líderes, professores, pais). Certamente, a experiência deles tem algo a agregar à sua.

- Perceba que a sua ansiedade é um obstáculo para você ouvir a voz de Deus.

- Deus nos fala de formas inesperadas. Por isso, busque estar atento a tudo. Ele pode falar com você agora.

excessiva com a situação de outra pessoa; mas se formos sinceros e maduros o suficiente para admitir, veremos que estamos preocupados em como aquela situação alheia irá *nos* atingir no futuro. Quando estamos ansiosos, agimos como Marta. Imagino que ela tenha se sentido tão ofendida com a escolha de Maria — "Fica tudo sempre nas minhas costas", consigo ouvi-la dizendo — que ela nem reparou o quão infeliz foi sua reclamação com Jesus: "Jesus, Maria está perdendo tempo aí ouvindo o Senhor falar. Manda ela fazer alguma coisa útil". Que vergonha alheia...

Ela não quis ouvir Jesus, e começou a pensar apenas em si mesma.

Ela não quis ouvir Jesus, e falou o que não devia.

Ela não quis ouvir Jesus, e ficou ansiosa com o tanto de coisa que tinha para fazer.

Ela não quis ouvir Jesus, e foi censurada por ele.

Meditar

Quando você aprender a ouvir a voz de Deus, o próximo passo que deve dar é *meditar* no que ele diz.

O famoso evangelista do século 19 Dwight L. Moody escreveu na capa de sua Bíblia a seguinte frase: "Ou este livro me afasta do pecado, ou o pecado me afastará deste livro". Como Moody bem entendeu, a Bíblia é a única arma que temos para combater o pecado. É por meio dela que Deus fala, cura e transforma a nossa vida.

Porém, essa transformação não vem da simples leitura da Bíblia. A Palavra de Deus requer meditação. E o que isso quer dizer?

Gosto de pensar que meditar na Palavra é deixar que ela me leia, em vez de eu a ler. Isso acontece quando chego diante dela reconhecendo sua autoridade e o meu pecado; o seu poder e a minha necessidade. Quando entendo que o que a Bíblia diz é autoridade, coloco-a acima das minhas opiniões e dos meus achismos. Não importa o que eu penso sobre determinado assunto: se a Bíblia diz algo diferente, eu estou errado, e ela, certa. Ponto final. Eu sou pecador, e ela é a palavra "viva e eficaz, e mais afiada que qualquer espada de dois gumes; ela penetra até o ponto de dividir alma e espírito, juntas e medula, e julga os pensamentos e intenções do coração" (Hebreus 4:12). Em termos bem simples, a Palavra de Deus me despe de todas as minhas desculpas, todas as minhas justificativas, todas as minhas tentativas de me validar e me mostra quem realmente sou: "miserável, digno de compaixão, pobre, cego, e que está nu" (Apocalipse 3:17b).

É uma experiência dolorosa, sem dúvida. A imagem de a Bíblia como uma espada que penetra o corpo a ponto de dividir juntas e medulas me dá um arrepio na coluna. É doloroso você seu coração diante da Palavra e ver que suas boas ações, na verdade, estão cobertas de segundas (e más) intenções. É vergonhoso reconhecer a sua nudez e pobreza diante de Deus. É difícil reconhecer que sua ansiedade não é fruto apenas de um transtorno emocional, mas que foi causada, em primeiro lugar, pelo seu próprio pecado. E é duro admitir que gostamos de permanecer em pecado.

Nada disso vai saltar aos seus olhos durante uma leitura apressada da Bíblia. Menos ainda se você é daqueles que só lê a Bíblia no domingo, quando o pastor vai apresentar o texto-base da pregação.

A meditação na Palavra, o "ser lido" pela Bíblia, precisa ser intencional e proposital. É preciso separar tempo no seu dia a dia para ter esses encontros íntimos com o Criador por meio da sua Palavra revelada.

Quero alertá-lo para o fato de que é plenamente possível conhecer muito da Bíblia e não conhecer nada de Deus. Isso acontece quando não se medita nas Escrituras, e se aproxima delas apenas com interesses intelectuais ou meramente ritualísticos.

Era o caso dos fariseus na época de Jesus. Eles conheciam a Palavra muito bem! Porém, de todas as pessoas daquela geração, foram os que tiveram mais dificuldade para reconhecer que Jesus era o Cristo, o Messias prometido e anunciado pela própria mensagem que sabiam de cor.

Isso aconteceu porque eles se achavam melhores que os outros, pois haviam memorizado toda a Lei. Na mente deles, não precisavam de salvação, porque se consideravam perfeitos. Sabiam tudo, logo, cumpriam tudo. Mas como veremos, *saber* e *cumprir* não são sinônimos. O problema foi que nunca examinaram a si mesmos diante da Palavra de Deus.

Veja como é dura a palavra de Jesus sobres homens:

Então, Jesus disse à multidão e aos seus discípulos: "Os mestres da lei e os fariseus se assentam na cadeira de Moisés. Obedeçam-lhes e façam tudo o que eles lhes dizem. *Mas não façam o que eles fazem*, pois não praticam o que pregam. Eles atam fardos pesados e os colocam sobre os ombros dos homens, mas eles mesmos não estão dispostos a levantar um só dedo para movê-los. Tudo o que fazem é para serem vistos pelos homens. (Mateus 23:1-5)

E também sua palavra de condenação dirigida diretamente a eles:

Vocês nunca leram isto nas Escrituras? "A pedra que os construtores rejeitaram tornou-se a pedra angular; isso vem do Senhor, e é algo maravilhoso para nós." Portanto eu lhes digo que *o Reino de Deus será tirado de vocês* e será dado a um povo que dê os frutos do Reino. Aquele que cair sobre esta pedra será despedaçado, e aquele sobre quem ela cair será reduzido a pó. (Mateus 21:42-44)

Os fariseus nos mostram qual é o risco de conhecer a Palavra e não meditar nela, bem como de saber a Lei de Deus, mas não praticá-la.

Praticar

Isso nos leva à última atitude que você deve ter diante da Palavra de Deus: colocá-la em prática. Há muitos trechos das Escrituras que falam desse ponto, mas vou citar apenas um, novamente de Tiago:

Sejam praticantes da palavra, e não apenas ouvintes, enganando-se a si mesmos. [...] o homem que observa atentamente a lei perfeita, que traz liberdade, e persevera na prática dessa lei, não esquecendo o que ouviu mas praticando-o, será feliz naquilo que fizer. (1:22,25)

É inquietante o fato de Tiago dizer que quem não pratica a palavra "engana-se a si mesmo". A Palavra só opera transformação de vida quando é colocada em prática. Se ouvi-la bastasse, todas as multidões que ouviam Jesus pregar teriam sido salvas; e se esse fosse o caso, não haveria ninguém para gritar "Crucifica-o" no fim da história. A verdade é que elas ouviram, e até se admiraram de suas palavras, mas ficavam apenas nisso. Não colocaram em prática seus ensinamentos e nunca se tornaram seguidores dele. Só deram um like nos posts de Cristo e continuaram a rolar a página.

Sendo assim, não basta ouvir e meditar na Palavra. Temos de praticá-la. Aqui vão algumas perguntas de diagnóstico para você avaliar como está no quesito de prática das Escrituras:

• Existe diferença entre seu discurso e sua prática?
• Você tem levado a sério o fato de ser cristão?
• As pessoas ao seu redor conseguem ver que você é cristão apenas pela forma com que age?

Viver a Palavra de Deus é a sua maior pregação na faculdade, em casa, no trabalho e na igreja. Logo que as pessoas descobrem que você é cristão, passam a observá-lo de modo diferente. Esperam algo mais de você, ao mesmo tempo em que estão prontas para apontar os seus erros, pois sua vida as ofende. Não quero pressioná-lo a viver preocupado com que os outros pensam sobre você, pois é assim que os fariseus viviam. Quero apenas chamar sua atenção para o fato de que se vive sinceramente para Jesus, adotando na sua vida os princípios que ele ensinou, você fará uma diferença muito maior do que se apenas pegar sua Bíblia, subir num banquinho e começar a pregar.

Recordo-me da surpreendente ligação que recebi da diretora do curso de Química do CEFET, convidando-me para uma reunião com ela. Já fazia seis meses que eu havia me formado, e nem sei como ela conseguiu meu telefone. Na reunião, ela, me convidou para integrar, como substituto, o quadro de professores. Fiquei lisonjeado com o convite, mas educadamente declinei, já que não tinha disponibilidade. Todavia, fiquei intrigado com a razão do convite, e a questionei: "Não tenho mestrado nem doutorado, só a experiência em docência. Há outros professores mais capacitados, com mais títulos e experiência, doidos por uma oportunidade aqui. Além do mais, você teve um trabalhão para me achar. Por que eu?". A resposta não poderia ser mais perturbadora: "Sei que tem gente mais gabaritada que você. Mas hoje não estou procurando por isso. Quero alguém de confiança, caráter e profissionalismo, e isso você tem".

Aquela mulher não me via fazia seis meses, mas me observara durante os três anos em que estudei ali. Sem que eu soubesse, minha postura marcou a vida dela. Saí da sala tremendo diante do tamanho da responsabilidade de ser cristão, e impressionado com o fato de que um bom testemunho realmente causa impacto na vida das pessoas. Tudo isso é fruto da ação do Espírito, que age em nós quando dispomos nosso coração a colocar em prática o que nossos ouvidos ouviram, e em que nossa mente meditou.

UMA VIDA DE ORAÇÃO

A outra prática inegociável para que você desenvolva intimidade com Deus, ao lado da meditação na Palavra, é a oração. Ou melhor, uma *vida* de oração.

Aconselhando tantas pessoas nesses anos de ministério, percebo uma atitude padrão em algumas delas quando me pedem uma direção a respeito de algo, seja uma importante decisão, uma luta que precisam vencer ou uma resposta que já aguardam de Deus há algum tempo. Quando digo "Orem" ou "Vamos orar", fica estampada em seu rosto a decepção, pois têm a sensação de que não fizemos nada.

Na cabeça de muitos, pedir o mover de Deus na oração e não pedir nada é quase a mesma coisa. Mas a oração não é um amuleto ou uma ação mecânica para mostrar à igreja ou à sociedade você é cristão. Ela tem um poder incalculável, extremamente subestimado pelas pessoas. Vou citar três exemplos bíblicos de situações que foram transformadas depois que alguém orou:

1. Diante das terríveis notícias que recebeu a respeito da situação de miséria em que vivia o povo judeu em Jerusalém, Neemias clamou ao Senhor, pedindo uma intervenção. Ao longo de seu livro na Bíblia, vimos que esta e outras orações de Neemias moveram o coração de Deus e mudou a história dos judeus, os quais, num período de dois meses, reconstruíram os muros de Jerusalém.
2. Jabez pediu ao Senhor para estender suas terras, livrá-lo do mal e de enfermidades, e viu a mão do Senhor cumprindo esse propósito (1Crônicas 4:10).
3. Eliseu foi um profeta usado por Deus poderosamente. No entanto, seu servo não conseguia ver o agir sobrenatural que ocorria quando a cidades deles foi sitiada por um exército inimigo. Eliseu orou para que os olhos do moço se abrissem, e o servo viu que as colinas ao redor da cidade estavam cheias de cavalos e carros de fogo (2Reis 6:17).

Se cremos, podemos mover montanhas, mudar histórias, fazer a diferença com uma ação aparentemente tão simples. Talvez, justamente por ser tão simples, a oração se torna subestimada e é mal compreendida.

Afinal de contas, o que é a oração?

Orar é desenvolver intimidade com Deus por meio de um diálogo sincero e dinâmico. É conversar com ele. Muitas pessoas acreditam que há orações certeiras para resolver problemas específicos, como trazer sorte, ganhar o coração da pessoa amada, ter uma boa noite de sono. Isso é um grande engano. Não há orações mágicas que resolvam problemas, porque orar é relacionar-se. Quando vai conversar com alguém, você anota tudo que precisa dizer, palavra por palavra e, então, pega um papel e começa a lê-lo na frente da outra pessoa? Seria estranho, não é? E penso ainda que a essa pessoa iria ficar muito ofendida, porque estaria evidente que você não quer se relacionar com ela; quer apenas pedir algumas coisas que anotou num papel para não esquecer.

Pense em Deus como um amigo chegado com quem não temos formalidades para encontrar e abrir o coração.

Jesus nos ensinou e incentivou a chamar Deus de Pai. Isso mostra que ele não está distante e desinteressado da nossa vida. Tratar Deus por "Pai" revela uma intimidade e amor muito grande. Quantas pessoas na sua vida você pode chamar de pai? Tirando o uso dessa palavra no contexto familiar, apenas os homens que se mostraram profundamente preocupados com você, e que mereceram o seu respeito podem ser chamados e tratados de "pai".

Da forma ainda mais intensa, o Senhor tem uma preocupação eterna para com você, e merece o seu mais profundo respeito. Por isso, quando Jesus ensinou todos os seus discípulos, tanto os daquela geração como os de hoje, ele nos ensina, em primeiro lugar, a chamar Deus de Pai:

> Vocês, orem assim: Pai nosso, que estás nos céus! Santificado seja o teu nome. Venha o teu Reino; seja feita a tua vontade, assim na terra como no céu. Dá-nos hoje o nosso pão de cada dia. Perdoa as nossas dívidas, assim como perdoamos aos nossos devedores. E não nos deixes cair em tentação, mas livra-nos do mal, porque teu é o Reino, o poder e a glória para sempre. Amém. (Mateus 6:9-13)

Por que muitos não oram?

DESCOMPLICANDO...

Lemos em Mateus que, nos momentos antes de sua morte, Jesus estava em agonia (Mateus 26:36-44). Sendo humano, ele desejou a companhia de seus amigos a fim de compartilhar o sofrimento por meio da oração. Infelizmente, os discípulos não tiveram essa sensibilidade e dormiram, deixando Jesus sozinho. Talvez você ache absurda a atitude deles, mas não agimos diferente. Sempre há um motivo para justificar o fato de que nunca temos tempo para orar. Veja as desculpas clássicas e o que elas podem significar:

- "Eu tinha um compromisso inadiável": prioridades erradas;
- "Estava muito ocupado": ativismo exagerado;
- "Tudo é oração, que chato!": falta de entendimento quanto ao privilégio da oração;
- "O que importa é agir, oração é perda de tempo": falta de maturidade;
- "Eu não sei orar, tenho vergonha de falar com Deus": falta de confiança no evangelho;
- "Quando o meu marido me chamar, eu oro": falta de iniciativa;
- "Toda vez que oro, começam a acontecer coisas estranhas": pode ser opressão demoníaca ou pura preguiça!

Em vez de usar essa oração como um amuleto, podemos aprender com ela sobre como devem ser os momentos de intimidade de um cristão com seu Pai:

Pai nosso

A oração deve estabelecer, de forma clara, que existe relacionamento entre quem está orando e o próprio Deus. Precisamos entrar na presença do Senhor sem medo nem hora marcada, como deve ser uma relação entre pai e filho. Não há espaço para "Oh, Alteroso e Insigne Deus, entro em vossa preexcelsa presença, de profusa graça e clemência..." Para! Você está falando com o SEU Pai! Você não precisa de palavras difíceis e pomposas para chamar a atenção dele, porque você já tem todos os olhos e ouvidos do Criador do universo na sua direção quando fala simplesmente "Pai".

Que estás nos céus

Precisamos entender a transcendência de Deus. Assim como ele está ao nosso lado, também habita no trono de glória e é soberano sobre todas as coisas. Podemos também pensar espiritualmente que, se estamos na terra, e ele, nos céus, um tem que subir ou o outro tem que descer. Na oração, as duas coisas acontecem. Você é conduzido à presença santíssima do Senhor (Hebreus 4:16), ao mesmo tempo em que Deus "desce" para ouvi-lo (Salmos 113:5-6). Assim, é muito importante que você se veja, na oração, realmente, diante do trono do Pai. É um lugar ao qual poucos — apenas os filhos — têm acesso, garantido pelo sangue do Filho Perfeito, Jesus Cristo.

Santificado seja o teu nome

Devemos adorá-lo! Muitos começam a oração pedindo ou brigando com Deus, mas é sempre bom começar reconhecendo quem ele é para cada um de nós e para toda a criação. Contudo, não adianta adorá-lo somente com palavras, como Caim tentou fazer no início. Deus recebe, primeiro, a adoração da sua vida e, depois, a adoração da sua oferta de louvor, assim como Abel fez.

Venha o teu Reino

Um reino possui seu rei, suas leis e sua cultura. Quando pedimos para que o Reino de Deus venha, dizemos ao Pai para que venha sobre nós a vontade, os mandamentos e o estilo de vida dele. Estamos abrindo mão da nossa vontade, mesmo que essa atitude pareça trazer dor ou prejuízo.

Seja feita a tua vontade

Na oração, em vez de desdobrarmos nossa quilométrica lista de pedidos, como se estivéssemos diante do gênio da lâmpada, podemos muito bem dar espaço para Deus faça em nós a obra que lhe aprouver. Agir assim é uma ótima forma de matar o nosso ego e deixar o Pai agir, pois a vontade dele é boa, perfeita e agradável.

Assim na terra como no céu

A vontade de Deus é soberana no céu, ou seja, nenhum anjo se levanta e diz: "Senhor, acho que poderíamos fazer as coisas desse jeito aqui, em vez daquele jeito que o Senhor falou". O que devemos desejar é que a vontade dele seja feita sem contestações também na terra, principalmente em nossa vida. Mais que deixá-lo agir, devemos perceber a dimensão da sua ação. A vontade dele não se limita a fazer o que pedimos ou esperamos. Ela é livre. Deus pode trabalhar de maneira micro, como de forma macro; ele pode tanto curar uma dor de cabeça como ressuscitar um morto, de acordo com a sua vontade.

DESCOMPLIQUE-SE

Dá-nos hoje o nosso pão de cada dia

Nossa oração deve estar carregada da convicção de que ele supre todas as nossas necessidades. Essa é uma boa hora para fazer download de nossas ansiedades aos pés dele. Nesse momento da oração, rasgamos nosso coração para expor-lhe aquilo que nos aflige, nossos desafios e dificuldades. Por mais que ele saiba de todas as coisas, temos a oportunidade de contar para o Pai a nossa versão dos fatos, e pedir sua intervenção. Nessa parte da oração, sentimos um enorme alívio se realmente entregamos nossos problemas a Deus. Sua paz vem, e a ansiedade vai embora.

Perdoa-nos as nossas dívidas

É na oração que confessamos nossos pecados. Vamos aos pés da cruz, abrimos o coração e buscamos arrependimento e mudança de vida. Se chegarmos a esse momento da oração já tendo pedido a vontade de Deus mais do que a nossa vontade, o Espírito Santo já estará trabalhando em nosso coração e revelando-nos aquilo que não está de acordo com as leis do Reino dos céus e nem com a vontade de Deus. Portanto, é aqui que nos arrependemos de verdade.

Assim como perdoamos aos nossos devedores

Nessa parte, lembramos que Deus não nos abençoa para nós mesmos, mas que ele espera que estendamos aos outros o mesmo tratamento que recebemos dele. Se queremos sentir a paz que vem do seu perdão, temso de estender o mesmo perdão às pessoas que nos ofenderam.

E não nos deixes cair em tentação

Pela oração, nos santificamos e nos tornamos mais alertas, podemos pedir discernimento e vigilância para não cair nas ciladas que nosso próprio coração arma para nós, devido aos seus próprios interesses. Essas situações são chamadas de "tentação", e elas não vêm de Deus, mas de nosso próprio pecado (Tiago 1:13-15).

Mas livra-nos do mal

Observe que no modelo de oração deixado por Jesus, a batalha contra o mal é quase a última parte. Buscamos a vontade de Deus, confessamos nosso pecado e pedimos proteção contra o inimigo que está dentro de nós (o nosso coração pecaminoso que nos tenta). Somente depois de fecharmos todas as brechas é que podemos entrar na batalha e guerrear contra o mal que está fora de nós, na pessoa de Satanás e no sistema do mundo.

Porque teu é o Reino, o poder e a glória para sempre. Amém.

Termine a oração reconhecendo quem Deus é, e cumprindo, em palavras, o propósito original da sua vida, que é declarar a glória dele.

∎∎∎●∎∎∎

Este é um modelo extenso e completo de oração. A Bíblia nos ensina que devemos orar sempre (1Tessalonicenses 5:17) e em todo lugar (1Timóteo 2:8), mas logo percebemos que não é possível fazer esse tipo de oração quando alguém encontra você na rua e pede para orar por ela. A oração do Pai nosso é um modelo de oração *relacional*, ou seja, que alimenta o relacionamento entre você e Deus. É uma oração íntima, que deve ser desenvolvida a sós com o Pai, como o próprio Jesus instruiu: "Mas quando você orar, vá para seu quarto, feche a porta e ore a seu Pai, que está em secreto. Então seu Pai, que vê em secreto, o recompensará" (Mateus 6:6).

Você deve, então, ter um lugar reservado (que Jesus chama de "seu quarto") para essa conversa mais profunda com o Pai. Um lugar em que você esteja sozinho, distante de qualquer tipo de distração,

Transforme a oração num estilo de vida

DESCOMPLICANDO...

Veja algumas dicas para fazer do momento de oração uma atitude diária em sua vida:

- Planeje sua agenda de oração com pelo menos 24 horas de antecedência.
- Tenha um lugar específico para orar.
- Feche a porta e não atenda nada e nem a ninguém.
- Avise às pessoas que você vai se retirar para orar; para não ser importunado.
- Evite orar antes de dormir.
- Deixe o Espírito Santo guiar a oração, pois não sabemos orar como convém.

- Conte a Deus sobre seu dia.
- Use palavras simples.
- Cite a Bíblia.
- Ore mesmo triste, cansado ou em pecado.
- Mude de posição enquanto ora.
- Tenha um diário de oração para anotar o que Deus lembrar-lhe, e as respostas que recebeu aos seus pedidos.
- Priorize um pedido entre todos.
- Seja específico e detalhista; evite termos genéricos como "abençoe".
- Ao terminar sua oração, fique no mesmo lugar silêncio para ouvir a Deus.
- Não avalie seu período de oração.
- Seja sistemático, orando o tempo que você estabeleceu.

como o seu celular. NÃO LEVE O SEU CELULAR PARA ORAR COM VOCÊ. Essa é uma regra sem exceções. Satanás certamente tentará interferir nesse momento íntimo com o Pai, e seu celular é a brecha perfeita.

Procure também estabelecer uma rotina de oração. Se você se propuser a orar quando tiver um tempo, adivinhe o que vai acontecer? Você nunca terá tempo. Então marque o tempo da oração na sua agenda. Seja intencional quanto a isso, como você é intencional com muitas outras coisas. Você verá que ter um horário específico e um lugar aconchegante para a prática da oração é uma boa estratégia para desenvolver o prazer dessa disciplina espiritual.

No entanto, há inúmeras oportunidades para orar além do quarto. Como mostram os versos bíblicos mencionados anteriormente, devemos orar em todo tempo e em todo lugar, com propósitos bastante específicos. Vejamos alguns deles.

Para nos proteger das tentações

Não existem pessoas blindadas a tal ponto que nenhuma tentação as leve a tropeçar. Por isso, a Palavra é clara quando nos alerta para fugir das tentações. A Bíblia nos motiva a resistir ao diabo, mas não à tentação porque, como vimos, ela nasce de desejos que estão em nosso coração. Não há sentido em ficar provocando e testando os seus limites quando você pode andar na segurança, bem longe deles. Jesus sabe o quanto é fraca a nossa força de vontade, por isso ele ordenou: "Vigiem e orem para que não caiam em tentação. O espírito está pronto, mas a carne é fraca" (Mateus 26:41).

Isso serve de forma especial para a ansiedade. Geralmente oramos quando estamos ansiosos, mas poucos pedem a Deus para que não fiquem ansiosos, ou seja, para que o Senhor nos livre da tentação da ansiedade. Conte a Deus quais são as situações que mais o deixam ansiosos, e peça a ele para livrá-lo da tentação de dar ouvidos ao seu coração que fica matutando "E se...", "E se...".

Para abençoar uns aos outros

Liberar palavras de vida e de bênçãos para as outras pessoas é um privilégio maravilhoso, e a oração é um momento propício para tal prática. Geralmente gastamos mais tempo orando por nós mesmos, e acabamos não tendo a prática para interceder pelos outros em nossa oração.

Quando nos envolvemos ativamente na intercessão pela vida e problemas de outras pessoas, acabamos deixando de lado os nossos próprios dilemas. Isso é bom, porque quando ficamos rodeando nossos problemas durante muito tempo, falando deles a toda hora, mesmo em oração, eles acabam crescendo e se tornam, aos nossos olhos, maiores do que realmente são. Essa acaba sendo outra fonte de ansiedade. Quando paramos de prestar atenção a certas situações da nossa vida para nos dedicar aos outros, nossas dificuldades acabam "desinchando" e voltam para o tamanho normal. Em muitos casos, podemos até mesmo ver que aquela situação de vida ou morte nem era um problema, como julgamos a princípio.

Para agradecer a Deus

Como já conversamos, a gratidão tem se tornado artigo raro em nossos dias. Muitas vezes focamos somente no que ainda queremos, e nos esquecemos de tudo que o Senhor já fez por nós. Sempre deve haver espaço na nossa oração para agradecer a Deus pelo ele tem feito em nossa vida.

Para ministrar cura e libertação

Muitas vezes, indicamos pessoas com dom e experiência de cura e libertação para intercederem por enfermos, oprimidos e até endemoninhados. Porém, aos olhos de Jesus, não é assim que funciona. É tarefa nossa orar para que as pessoas sejam curadas e libertas, pois somos canais para a manifestação da vontade

Orar com imposição de mãos

DESCOMPLICANDO...

Alguns acham que o gesto de orar impondo ou estendendo as mãos sobre é uma atitude sem significado. Porém, vemos que isso foi feito e que é um gesto de grande importância e responsabilidade. Veja algumas situações que demandam essa atitude:

- Despertamento de dons e concessão de autoridade (2Timóteo 1:3-6);

- Ministração de cura (Mateus 8:3; 17:7);

- Proclamação de bênçãos específicas (Gênesis 27:27-29).

de Deus. Não somos nós que curamos os outros, mas Jesus, por meio de nós.

Certa vez, fui ao hospital orar por um rapaz da igreja que estava internado após ter sofrido um acidente. Na enfermaria em que ele se encontrava havia mais 17 pessoas. Quando terminei de orar por ele, perguntei se alguém mais gostaria de receber oração. Todos aceitaram de bom grado, e fui orando até que me mostraram um rapaz que estava em estado catatônico. "Ore por ele, levou um tiro na cabeça", a pessoa me informou. Quando fui orar, outro disse: "Mas ele nem vai entender o que você está fazendo". Ignorei esse comentário e impus as mãos, com todo cuidado, sobre sua cabeça enfaixada. No meio da oração, ele moveu os olhos em minha direção e tentou falar. Aproximei-me e ouvi claramente: "Eu quero ir à igreja". Descobri, então, que ele havia se afastado da igreja e que, naquele momento, recobrava a lucidez que perdeu com o tiro. Se eu resolvesse esperar pela chegada do irmão com dom de cura, poderia ser tarde demais, ou poderia simplesmente perder a oportunidade de ser usado para ministrar cura a alguém.

...●...

Meditar na Bíblia e fazer da oração uma prática constante na sua vida: não tem segredo para desenvolver a intimidade com Jesus. Não existe um método revolucionário que lhe permitirá desenvolver um coração como o de Cristo em apenas seis meses, ou seu dinheiro de volta. Não. A receita é a mesma desde o princípio dos tempos, desde a sua infância na igreja, e a infância dos seus pais, e a dos seus avós, e assim por diante.

Da mesma forma, essas duas práticas são vitais na sua batalha pessoal contra a ansiedade. A Palavra fala à sua mente, enquanto a oração acalma o seu coração. Não estou desprezando a possibilidade de você se valer de terapias médicas e até de medicamentos, pois não conheço o seu caso específico. Mas o que posso afirmar com toda a convicção é que sem a intimidade com Jesus você nunca estará livre desse mal. Ele pode colocar em ordem as suas disfunções emocionais e permitir que você experimente a vida plena que desejou que tivesse, sendo um com ele.

CAPÍTULO **5**

DESCOMPLICANDO
o relacionamento
com o OUTRO

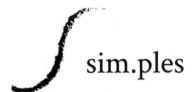

sim.ples

Ele é para ser amado ou odiado. Sorte dele que seus fãs os amam; porque seus amigos (seus "conhecidos", melhor dizendo, porque ele não tem "amigos") não o suportam. Quem conseguiria conviver com alguém que diz para você, na cara dura: "Minha nossa! Como é viver dentro desse seu cerebrozinho patético? Deve ser tão chato!".

De quem estou falando? Do lendário detetive inglês, Sherlock Holmes. Sherlock fez sucesso de duas formas: sendo um gênio e um canalha. Desvenda crimes como ninguém faria. E maltrata os que estão tentando ajudá-lo como ninguém deveria. Acho que o comentário do inspetor Lestrade (na série britânica *Sherlock*) a respeito do detetive resume a situação: "Sherlock Holmes é um homem grandioso. Acho que, um dia, se tivermos muita, muita sorte, ele pode se tornar um homem bom".

O cinema e as séries de TV estão cheios de personalidades assim: altamente inteligentes, mas estúpidas quando o assunto é se relacionar com outras pessoas. É como se a mídia buscasse espalhar ocultamente a mensagem de que as mentes brilhantes são lobos solitários, mal compreendidas pela "gentalha" e incapazes de se relacionar com ela.

Não é de se admirar que essas figuras tenham se tornado amadas pelo público que, de certa forma, até se identifica com elas. Que melhor consolo pode haver para o fato de ninguém compreender você? Se seguir o raciocínio desses heróis, você é incompreendido porque está muito à frente dos seus contemporâneos.

De fato, como comentei em *Desconforme-se*, o espírito narcisista e individualista desta geração tem apoiado e propagado essa mensagem de supremacia, pois ela realmente ecoa nos corações pós-modernos. A geração do EU adora se ver representada pelos espertos, brilhantes, irônicos e incompreendidos porque crê que é somente assim que pode ganhar seu espaço no mundo.

Vejo alguns laços entre essa ideia pós-moderna e a corrente filosófica do existencialismo (veja mais no box "O existencialismo"). De acordo com essa corrente, o homem nasce "vazio" de significado. Dessa forma, cabe a cada indivíduo escolher o que deseja ser, em todas as áreas. Ele estabelece sua sexualidade (ser homem, mulher, andrógeno), sua profissão, sua posição política, sua religião, etc.

O existencialismo

DESCOMPLICANDO...

O termo "existencialismo" foi inventado na França para nomear um movimento intelectual que surgia após a Segunda Guerra. Para o existencialista, o homem nasce sem qualquer objetivo pré-definido, qualquer valor essencial. Ele primeiramente existe, e só depois irá definir quem ele é.

É com base nessa filosofia, por exemplo, que a intelectual francesa Simone de Beauvoir disse: "Não se nasce mulher, torna-se mulher". Simone seguia o raciocínio existencialista de que até mesmo "ser mulher" era uma escolha, e não algo preestabelecido.

Cada pessoa é uma folha em branco que vai sendo preenchida conforme sua própria vontade.

Toda essa liberdade, porém, traz angústias, conforme a própria visão existencialista. Por um lado, o leque de opções é infinito, e deixa você perdido com tantas possibilidades. Por outro, você não tem condições reais de ser *tudo* o que quiser. A partir do momento em que escolhe ser algo (ateu, por exemplo), não pode ser o contrário a isso (alguém que crê em Deus).

Essa angústia, contudo, se torna ainda maior quando o existencialista percebe que sua liberdade encontra uma limitação inesperada: a liberdade do outro. Veja a representação disso neste esquema:

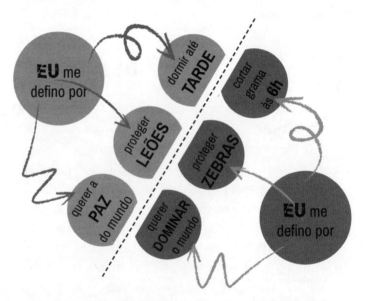

Quando os projetos de um indivíduo entram em conflito com os projetos dos demais, ele é impedido de realizar as coisas que, segundo pensa, definem sua existência. Diante disso, o pensador existencialista Jean-Paul Sartre disse a célebre frase "O inferno são os outros".[1]

---

[1] "'O inferno são os outros', Sartre." Disponível em <super.abril.com.br/ideias/o-inferno-sao-os-outros-sartre/>. Acessado em 23 de abril de 2018.

Quem são os outros? São aqueles que atrapalham meu brilhantismo, minha individualidade. Em resumo: praticamente qualquer pessoa que pense diferente de mim.

O que isso tem a ver com a ansiedade? Bastante coisa. Essa dinâmica conturbada com o outro gera a ansiedade de ter de afirmar sua individualidade o tempo todo: "Não posso ser apenas mais um". A dinâmica também produz a ansiedade de tratar pensamentos e posições diferentes ou contrários como ameaças à sua existência.

ANSIOSOS E ISOLADOS

Para evitar a ansiedade causada do contato com o outro, a saída mais comum tem sido buscar a solidão. Como disse Sherlock Holmes: "A solidão é o que tenho. A solidão me protege".

Hoje em dia, as pessoas são capazes de formar enormes comunidades virtuais e de se relacionar corajosamente com gente que nunca viu. Todavia, ao mesmo tempo, fecham-se diante de pessoas reais e não conseguem se comunicar com aqueles que fazem parte do seu dia a dia. Isso acontece porque no mundo virtual elas estão protegidas em sua solidão, no fato de não precisar abrir-se de verdade diante de outra pessoa. Estão todos sozinhos juntos.

Porém, em outros casos, a solidão não é uma escolha do indivíduo, mas o que os outros (ah, sempre os "outros") impõem a ele, em grande parte por causa de seu jeito de ser. Pense comigo sobre alguns motivos que condenam as pessoas à solidão:

Ter um gênio difícil

Talvez Sherlock Holmes preferisse a solidão porque não tinha outra escolha. Ele é o estereótipo do cara mal-humorado e autossuficiente, que dificulta a aproximação dos demais. Os Sherlocks da vida real acreditam que são os outros devem se adaptar ao seu jeito antissocial, introspectivo e excessivamente crítico com a vida. Querem que os outros estejam à disposição para lhes servir quando e como lhes aprouver.

Ser amargurado

Outro solitário do cinema, Carl Fredricksen, o velhinho ranzinza da animação *Up — Altas aventuras*, é o tipo de gente que se isola por causa das decepções e traumas na vida. Muitos, como Carl, preferem se fechar para qualquer tipo de novo relacionamento, para não se ferirem. Toda vez que alguém se aproxima, é como se estivessem "armados". Criam muros e mecanismos de autodefesa para manter as pessoas a uma distância segura de seus sentimentos. Detestam se sentir vulneráveis e acessíveis — condições fundamentais para todo tipo de relacionamento — e não consegue confiar em ninguém.

Ser imaturo

Posso exemplificar a imaturidade com a personagem Doutor Estranho, antes de sofrer o acidente que mudou sua vida: ele era descompromissado, irresponsável para com os sentimentos alheios, egoísta e preocupado apenas consigo. As pessoas imaturas são aquelas que se recusam a abraçar as responsabilidades da vida adulta e, a despeito da idade, continuam a se comportar egoistamente como adolescentes mimados. Elas geralmente não vivem totalmente isoladas como os tipos anteriores, mas têm a companhia apenas de outros imaturos. Esse tipo de relacionamento, porém, é bastante raso, pois ninguém se compromete de verdade com o outro.

Ser excessivamente criterioso

Pense em todas as mocinhas de comédias românticas que acabaram sozinhas por terem escolhido tanto (isso é, até que apareça o galã, que é exatamente o oposto de tudo o que elas sonham, conquiste o seu coração). Clichês à parte, existem mesmo pessoas que são tão exigentes em seus pré-requisitos para estabelecer amizades e relações amorosas que acabam idealizando perfis fora da realidade. Com isso, perdem a chance de conhecer pessoas diferentes que, apesar de não satisfazerem todas as suas demandas, poderiam ser ótimas companheiras.

PROJETADO PARA VIVER EM COMUNIDADE

Seja por opção, seja por situação, a solidão não faz parte dos planos de Deus para o homem. Está claro desde o princípio que o desejo de Deus era que o ser humano vivesse em comunidade. Basta verificar isso na vida de Adão: "Então o Senhor Deus declarou: 'Não é bom que o homem esteja só; farei para ele alguém que o auxilie e lhe corresponda'" (Gênesis 2:18).

Não fomos criados para ficar sozinhos. Somos seres relacionais, e a capacidade de se relacionar é um dos atributos que Deus transferiu para o ser humano quando o criou à sua imagem e semelhança.

Contudo, como já mencionamos anteriormente, ao se desconectar de Deus, o ser humano se desconectou de todo o resto — e não somente está desconectado, como praticamente vive em pé de guerra contra Deus, o próximo e a criação como um todo. Quando Adão e Eva foram confrontados pelo Criador a respeito de seu pecado, eles não se uniram para proteger um ao outro. Não, naquele momento foi cada um por si. Pior que isso: cada um tentou limpar sua barra diante de Deus jogando a culpa para o outro:

> E Deus perguntou: "Quem lhe disse que você estava nu? Você comeu do fruto da árvore da qual lhe proibi de comer?" Disse o homem: "Foi a mulher que me deste por companheira que me deu do fruto da árvore, e eu comi". O Senhor Deus perguntou então à mulher: "Que foi que você fez?" Respondeu a mulher: "A serpente me enganou, e eu comi" (Gênesis 3:11-13).

Repare que Deus pergunta duas coisas a Adão, e ele não responde nenhuma delas:

Pergunta 1: Quem lhe disse que você estava nu?
- Resposta correta: Eu percebi isso sozinho.
- Resposta de Adão: Foi Eva que me fez comer o fruto!

Pergunta 2: Você comeu do fruto da árvore da qual lhe proibi de comer?
- Resposta correta: Sim.
- Resposta de Adão: Foi a Eva, e foi o Senhor quem apareceu aqui no jardim com ela! (Sim, Adão tenta jogar a culpa até em Deus).

Eva não age muito diferente. Quando Deus perguntou "O que você fez", a resposta deveria ser: "Comi a fruta e a ofereci para Adão". Mas ela já entra na onda do marido: "Foi a serpente que me enganou". Só a serpente não tem chance de se defender, porque Deus não pergunta nada para ela.

Neste momento, os relacionamentos humanos foram afetados de tal forma que nunca mais vieram a ser os mesmos. Ficaram marcado pela culpa, pela acusação, pelas expectativas e cobranças. Igualzinho é hoje.

A restauração dos nossos relacionamentos só é possível quando nos reconectamos com Deus. Digo isso não porque somos incapazes de amar as pessoas, pois o próprio Senhor Jesus afirmou que os maus também amam: "Vocês, apesar de serem maus, sabem dar boas coisas aos seus filhos" (Mateus 7:11) e "Até os pecadores amam aos que os amam" (Lucas 6:32). No entanto, quando somos religados a Deus, conseguimos amar o outro perfeitamente, como a nós mesmos (cf. Marcos 12:31). Não amamos nem a mais, e nem a menos.

Porém, o convívio desiquilibrado que mantemos com os outros gera ansiedade. Quando não entendemos o lugar correto que o próximo deve ter em nossa vida, das duas, uma: ou o colocamos acima de nós (no lugar de Deus), ou abaixo de nós. Agindo assim, criamos todo tipo de disfunção que suga nossa paz. Para driblar a ansiedade, também precisamos reler nossas relações à luz da redenção oferecida por Jesus, a fim de colocar cada coisa em seu lugar.

Há diversos tipos de relacionamentos inadequados que geram ansiedade. Minha proposta é analisar apenas os quatro que considero mais comuns entre os jovens pós-modernos:

- Relacionamento indevido
- Relacionamento comparativo
- Relacionamento de dependência
- Relacionamento de rebeldia

RELACIONAMENTO INDEVIDO

Todos nós somos livres para nos associar a quem quisermos. A Bíblia, de certa forma, não considera pecado nenhum tipo de amizade; porém, ela dá fortes conselhos acerca de quais pessoas o servo de Deus deve evitar. Não são relacionamentos *proibidos*, mas que o Espírito considera impróprio para aqueles que são dele.

O melhor livro da Bíblia para estudarmos sobre os relacionamentos indevidos é Provérbios. Neste livro de sabedoria, Salomão aconselha especialmente os mais jovens (por isso você verá tantas vezes a expressão "meu filho" ao longo do livro) sobre quais tipos de pessoas devem evitar a fim de ter paz, ir bem na vida, e não terem problemas com a ansiedade. Veja os principais vilões:[2]

---

[2]Baseado nas notas da English Standard Version (ESV) Study Bible sobre Provérbios (Wheaton: Crossway, 2008); e em Derek Kidner, *Provérbios: introdução e comentário* (São Paulo: Vida Nova, 1992).

O inexperiente

"Inexperiente" é a pessoa bobinha, que não se compromete nem com a sabedoria (temer a Deus) nem com a insensatez (opor-se aos valores divinos). O inexperiente não exerce influência, mas é totalmente influenciado, e por isso torna-se uma presa fácil dos tipos maliciosos. Salomão escreve na esperança de que seus jovens leitores não sejam ingênuos, mas aprendam a ser sábios, e evitem as muitas dificuldades e ansiedades que atacam os inexperientes: "Pois *a inconstância dos inexperientes os matará*, e a falsa segurança dos tolos os destruirá; mas quem me ouvir viverá em segurança e estará tranquilo, sem temer nenhum mal" (1:32-33, *grifo nosso*).

O insensato (ou tolo)

Salomão chama de "insensato" e "tolo" (as duas palavras se alternam ao longo do livro) aquele que se opõe abertamente aos princípios divinos; e o autor entende que pode haver insensatos até mesmo no meio do povo de Deus. Essas pessoas trazem dores de cabeça aos pais (cf. 10:1), e exercem uma influência perigosa. Aqueles que se estabelecem laços com o insensato caminham diretamente aos braços dos problemas e da ansiedade: "Aquele que anda com os sábios será cada vez mais sábio, mas *o companheiro dos tolos acabará mal*" (13:20, *grifo nosso*).

O zombador

O "zombador" é o insensato piorado. Ele não apenas se opõe aos princípios divinos como também (como diz o nome) zomba deles e os despreza. O dano que produz não é genérico como o do insensato; trata-se de uma maldade calculada exatamente para causar problemas e desfazer o que é bom: "Os violentos odeiam os honestos e procuram matar o homem íntegro" (29:10). Porém, mesmo terrível e incorrigível, o zombador não é quem ri por último, pois "[O Senhor] zomba dos zombadores, mas concede graça aos humildes" (3:34).

O preguiçoso

O preguiçoso é quase uma personagem de comédia no livro de Provérbios. Ele nunca inicia nada, nunca conclui nada e nunca tem coragem de enfrentar nada. Vive cheio de desculpas absurdas, como por exemplo, não sair de casa (possivelmente para trabalhar) porque ouviu dizer que tem um leão à solta na cidade (cf. 22:13). Contudo, apesar de parecer uma companhia engraçada (desde que você não tenha de contar com ele para fazer nada, lógico), o preguiçoso está sempre ansioso, porque não possui estabilidade: "O preguiçoso morre de tanto desejar e de nunca pôr as mãos no trabalho" (21:25).

A imoral (ou adúltera)

A mulher "adúltera" aparece no livro como aquele tipo de pessoa que insinua sedutoramente de propósito. Ela não quer papo, ela quer sexo. Mais que isso, "a adúltera sai à caça de vidas preciosas" (6:26). Ela pode ser tanto a mulher de outro homem, como simplesmente uma mulher má (o texto hebraico permite as duas interpretações). É chamada de "adúltera" porque, de modo geral, "adultera" (ou seja, falsifica) um tipo de relacionamento reservado apenas para o casamento: a relação sexual. Ela vende a ideia de que o sexo é fonte gratuita de prazer. Aqueles, entretanto, que compram essa ideia, acabam num "caminho que desce para a sepultura, para as moradas da morte" (7:27).

Observação: o texto de Provérbios fala especificamente de "mulher" porque Salomão tem em vista um rapaz, o seu filho, mas o princípio pode (e deve) ser usado para as meninas se protegerem do "homem imoral ou adúltero".

Sexo como fonte de ansiedade

DESCOMPLICANDO...

Uma vez que o sexo foi projetado por Deus para ser desfrutado dentro de uma aliança (o casamento), quando é praticado fora desse ambiente, torna-se uma grande fonte de ansiedade.

O ato sexual é uma aliança que tem implicações no mundo espiritual (1Coríntios 7:5). As duas pessoas que se envolvem no ato sexual ligam-se emocionalmente de uma forma muito profunda — a Bíblia chama isso de "tornar-se uma só carne" (Gênesis 2:24). Dessa forma, aos olhos de Deus não existe sexo casual. Todo e qualquer ato sexual é uma união (1Coríntios 6:15-20). É por isso que ele só deve ser praticado no casamento, porque esta é uma relação protegida por uma aliança estabelecida diante de Deus e da sociedade.

Quando o sexo é praticado fora do casamento, a união acontece mesmo assim. As duas partes envolvidas passam a pertencer uma à outra, mas não estão protegidas pela aliança. Com isso, as emoções e os sentimentos ficam instáveis, geram medo e ansiedade.

Talvez você encontre pessoas que digam que praticam sexo à vontade e não sentem nada disso. É verdade, não sentem mesmo. Quando insistimos no pecado, nos tornamos insensíveis a ele (Hebreus 3:13), mas também ao Senhor e ao seu Espírito.

O conselho de Salomão aos seus jovens leitores não é somente "Não sejam como essas pessoas"; ele é muito mais conservador, pois diz: "Fiquem longe dessa gente!". Começar uma amizade com esses tipos não é um pecado em si, mas isso certamente vai acabar tão mal que dores de cabeça serão os menores dos seus problemas.

Assim, para se defender da ansiedade, vale a pena passar em revista as pessoas que compõe sua roda de amizades. Para quem você pede conselhos e abre a sua vida? Com quem compartilha seu tempo livre? Pode ser que eventos que tiram a sua paz — ou até mesmo uma forma ansiosa de ver a vida — estejam sendo semeados em seu coração por relacionamentos indevidos.

> Os perversos são impacientes, não sossegam enquanto não causam problemas. Eles não conseguem ter uma boa noite de sono, a não ser que tenham desgraçado a vida de alguém. A perversidade é seu alimento e sua bebida; a violência, seu remédio preferido.
>
> Os caminhos dos justos resplandecem como a luz: quanto mais vivem, mais brilham. Mas o caminho da injustiça é escuridão cada vez maior: o injusto não vê nada, tropeça e cai, mas nem sabe em que tropeçou. (Provérbios 4:16-19, A Mensagem)

RELACIONAMENTO COMPARATIVO

Outro tipo de relacionamento que é um tiro certeiro na paz é aquele que se estabelece sobre a comparação.

A comparação faz parte do mundo pós-moderno em que nós vivemos. Não é apenas uma competição em busca de atenção, de emprego, de um namorado. É um desejo de ser o *influencer* mais influenciador (desculpe a redundância). Trata-se de querer a adoração e admiração dos outros por ter a vida perfeita. Não, não é bem ter a vida perfeita. É ter uma vida *melhor* que a dos pobres mortais que seguem, curtem, assistem, se inscrevem, aplaudem e cultuam você.

Estamos numa geração em que é obrigatório ser mais legal que os demais. De certa forma, essa mentalidade foi criada e expandida pelas redes sociais, mas ela já existe no interior do homem há muito tempo. Muito antes de os *youtubers* dominarem a terra, a competição já reinava entre os seres humanos. Vimos há pouco Adão e Eva competindo diante de Deus para ver quem era menos culpado. E eles ensinaram seus filhos, ou melhor, o filho mais velho, a fazer exatamente o mesmo.

A competição foi um dos motivos que levou Caim a matar seu próprio irmão. Quando Deus rejeitou a oferta dele, mas aceitou a de Abel, Caim ficou tão irado que seu rosto mudou (Gênesis 4:6). Podemos dizer que, aos olhos de Caim, ele perdeu o concurso de "Melhor Ofertante do Ano", apesar de não ser nada disso que Abel, nem o Senhor, tinham em mente. A ideia de perder para o irmão, porém, deixou Caim ansioso porque, com isso, ele perdia a condição de ser o descendente de Eva que pisaria a cabeça da serpente (cf. Gênesis 3:15). Ele era apenas o *vice*. Cego de raiva, não percebeu que sua oferta havia sido rejeitada não porque Abel era o queridinho de Deus, mas porque ele, Caim, havia agido mal (v. 7) e porque suas obras eram injustas (1João 3:12).

Caim não queria ser aceito por Deus. Ele queria ser *mais aceito* que seu irmão. Esse espírito de competição torna as pessoas escravas da ansiedade. Sempre há um concorrente a derrubar. Sempre existe alguém que fez uma coisa mais incrível que você. Nesse clima, não sobra espaço para relacionamentos sinceros. Cada pessoa que o espírito competidor conhece torna-se automaticamente uma adversária. Os amigos são, na verdade, a base aliada, composta por aqueles que são fracos demais para representar uma ameaça, bem como pelos fiéis súditos (ops, quis dizer "seguidores") que o defenderão de unhas e dentes na próxima competição.

O espírito de competição vem de uma profunda ignorância quanto a quem realmente se é, e de uma insegurança quanto ao seu valor próprio. Essas coisas não são resolvidas angariando mais e mais *likes* na vida, mas somente restaurando, aos pés de Cristo, a maneira de ver os outros.

Em Jesus, entendemos que *todos* são iguais: todos foram criados por ele, todos se afastaram dele, todos são pecadores, todos são incapazes de se salvar, todos precisam da sua graça, e todos podem ser contemplados pelo seu amor.

O cristão maduro, que foi reconectado a Deus, é capaz, então, de olhar para o próximo e ver nele a imagem do Criador. Ele é capaz de admirar os talentos do outro porque sabe que todas as habilidades que o ser humano possui — crente ou não — foram depositadas nele pelo Senhor no momento em que o criou:

> Assim, ninguém se orgulhe a favor de um homem em detrimento de outro. Pois, quem torna você diferente de qualquer outra pessoa? O que você tem que não tenha recebido? E se o recebeu, por que se orgulha, como se assim não fosse? (1Coríntios 4:7)

A igreja, de modo específico, foi arranjada de tal forma que todos contribuem com seus dons e talentos para a edificação e santificação uns dos outros, "até que todos alcancemos a unidade da fé e do conhecimento do Filho de Deus e cheguemos à maturidade, atingindo a medida da plenitude de Cristo" (Efésios 4:13).

Todavia, além dos dons e talentos, cada pessoa é alvo do amor infinito de Jesus. Se o próprio Deus santo, incomparável e perfeito quer entrar numa relação de graça e amor com o ser humano falido, quem sou eu (que estou na posição do outro humano, e não de Deus) para estabelecer um relacionamento de comparação e competitividade? Nada poderia estar mais distante do que Jesus ordenou: "Um novo mandamento lhes dou: Amem-se uns aos outros.

Como eu os amei, vocês devem amar-se uns aos outros" (João 13:34, *grifo nosso*). Cristo extrapola o segundo mandamento — amai o próximo como a si mesmo — estabelecendo uma nova medida de amor: o seu próprio amor pelo homem pecador.

Diante disse, que sentido há em competir e fazer dos seus relacionamentos uma fonte de ansiedade?

RELACIONAMENTO DE DEPENDÊNCIA

Uma terceira fonte de ansiedade nos relacionamentos é a dependência. Não falo de dependência química não; refiro-me à dependência emocional.

Tratamos em outro capítulo sobre o vazio que a falta de Deus causa no ser humano. Pois bem, um dos ídolos que as pessoas criam na expectativa de preencher o vácuo é o relacionamento afetivo, seja na forma de uma amizade, seja como um relacionamento amoroso, seja até mesmo em uma relação familiar. Sem Deus, as pessoas não sabem o quanto valem; porém, ao serem amadas por outras pessoas, têm uma noção (minúscula, é verdade) de seu valor próprio. Ao receberem amor, se convencem de que são valiosas. Se perdem esse amor, são consumidas pelo medo e pela ansiedade. Assim, fazem de tudo para recuperar o amor perdido ou para serem amadas novamente por outra pessoa.

Esse tipo de relacionamento é exaustivo para as duas partes. Por um lado, o ser amado jamais será capaz de suprir toda a carência de quem o ama, simplesmente porque ele não é Deus. Apenas Deus pode dar amor ilimitado às pessoas, sem nunca se cansar nem perder as energias. Por outro lado, o indivíduo carente de amor nunca estará satisfeito ou em paz. Como morre de medo de perder quem ama, ele se torna inseguro e bastante ciumento.

Não me refiro com isso apenas a relações amorosas. Muitas amizades são estabelecidas sobre esses princípios, e há também pais que depositam nos seus filhos toda a esperança de ser amado e valorizado. Eles tornam a vida dos filhos um verdadeiro inferno quando chega a hora de estes saírem de casa para construir a própria vida, pois acham que, sem os filhos, perderão seu valor e identidade. Alguns atribuem esse comportamento paterno a excesso de zelo; todavia, a raiz dessa ansiedade pode estar na ausência de um relacionamento sincero e satisfatório com o Criador.

É claro que não é sempre que a relação de dependência é tão extrema assim. Ela pode aparecer numa versão mais *light*, que se chama "aceitação". Isso acontece quando você curte tanto determinado grupo de pessoas (ou uma pessoa específica) que faz tudo o que está ao seu alcance para ser reconhecido por aquele grupo. Assim como acontece no relacionamento de dependência, na aceitação você atrela seu valor e identidade ao reconhecimento que deseja obter daquele grupo.

Na ânsia por aceitação, temos dois momentos de ansiedade: o antes e o depois. *Antes* de entrar no grupo, o indivíduo fica ansioso buscando se enturmar. Fica pensando se está fazendo tudo direito, se ele tem chances reais de ser aceito. *Depois* que é reconhecido e inserido no grupo, ele teme perder a aceitação. Esse medo leva muita gente a abrir mão de seus valores e princípios, porque considera a aprovação dos outros mais importante que qualquer outra coisa.

O apóstolo Pedro fez isso uma vez. Paulo conta que os dois estavam em Antioquia, uma cidade majoritariamente gentílica (ou seja, não judaica), e ambos ministravam a uma igreja formada também por não judeus. Pedro não se incomodava com isso. Apesar de ser judeu, o apóstolo estava de boa com seus amigos gentios, almoçando e se reunindo com eles — coisas que eram abomináveis para o judeu tradicional, mas das quais os convertidos abriram mão em nome da unidade da igreja.

Um dia, porém, chegaram a Antioquia alguns visitantes ilustres, vindos de Jerusalém. Estes eram judeus puro sangue. Não sabemos se eles disseram alguma coisa, mas Paulo conta que Pedro "teve medo deles" (Gálatas 2:12), mais precisamente de ser criticado por eles. O que fez, então? Foi pouco a pouco se afastando dos irmãos gentios para não ser rejeitado pelos visitantes judeus (leia mais no box "Preconceito e aceitação").

Paulo repreendeu a Pedro na frente de todos, e lhe disse, entre outras coisas: "Fui crucificado com Cristo. Assim, já não sou eu quem vive, mas Cristo vive em mim. A vida que agora vivo no corpo, vivo-a pela fé no Filho de Deus, que me amou e se entregou por mim" (v. 20). Paulo ensina a Pedro, e a todos os outros que estavam ouvindo a discussão, que nossa identidade não está baseada no que fazemos e nem na aprovação das pessoas. Ela está escondida em Cristo.

Quando uma pessoa entrega sua vida a Jesus, é como se ela tivesse sido crucificada com ele. O que isso quer dizer? Que ela morreu. Então, lhe pergunto: de quem os mortos dependem? Eles precisam da aceitação de quem? De ninguém! Eles não se incomodam com o que pensam dele, porque eles mesmos nem pensam mais.

No entanto, se nossa vida está ligada à de Cristo, tendo morrido quando ele morreu, ela também ressuscitou quando ele ressurgiu dos mortos! Com isso, lhe pergunto-lhe: de quem os ressuscitados dependem? Eles precisam da aceitação de quem? Apenas de quem os ressuscitou! Se somos eternamente gratos às pessoas que nos livraram da morte, o que podemos oferecer a quem nos salva nossa vida *depois* que morremos? Creio que a única coisa que podemos dar em troca é a nossa própria vida.

Ok, aonde isso nos leva nos relacionamentos? Quando você morre e ressuscita com Cristo, a opinião mais importante do mundo a seu respeito é somente a de Jesus. Ninguém mais deve lhe importar, não porque você é superior aos outros ou qualquer coisa do tipo, mas porque deve sua vida exclusivamente a Jesus. A vida que você vive hoje no seu corpo, pertence, na verdade, ao Filho de Deus, que o amou e se entregou por você.

Preconceito e aceitação

DESCOMPLICANDO...

O comportamento de Pedro em Antioquia mostra também uma atitude de preconceito. Os judeus consideravam os gentios impuros, por isso não comiam e nem confraternizavam com ele. Ainda que Pedro estivesse, a princípio, em comunhão com os gentios convertidos, ele considerava o status de judeu mais importante, e por isso descriminou os irmãos de Antioquia para não ser excluídos pelos judeus de Jerusalém.

A prática do preconceito é totalmente contrária ao caráter de Deus. É algo inaceitável para ele, e que não pode encontrar espaço entre seu povo. Jesus, que é a imagem do Deus invisível (Colossenses 1:15), pregou e viveu o amor incondicional, acolhendo todos os que se achegavam a ele, sem preconceito.

Quando alguém se torna cristão, deve se retirar do sistema secular que apoia e alimenta a discriminação, e viver segundo um padrão bem mais elevado: o do Reino de Deus. Por causa de Jesus, "a ninguém mais consideramos do ponto de vista humano" (2Coríntios 5:16). Pelo contrário, entendemos o valor de cada um e passamos a enxergá-lo com os olhos de Deus.

Essa certeza de aceitação divina permite que você desenvolva relacionamentos saudáveis com as pessoas ao seu redor. Você é livre para amar sua família, seus amigos, seu namorado ou cônjuge sem o peso de precisar do amor dele, pois tem todo o amor do mundo vivendo dentro de si. Ao mesmo tempo, se for necessário, você é capaz de confrontar pessoas queridas quando elas se tornam reprováveis, e ainda permanecer firmes em seus próprios valores sem ter medo de perder a amizade, pois sabe que ainda que essas pessoas o rejeitem, Jesus Cristo jamais o rejeitará.

RELACIONAMENTO DE REBELDIA

Muita gente acha que o contrário de amar é odiar, estar em pé de guerra. Porém, trata-se de uma conclusão equivocada. O oposto ao amor é a indiferença. Por conta disso, pessoas que estão em rebelião contra outras mantêm, ainda assim, um relacionamento. Não é de amor, mas estão convivendo e interagindo de alguma forma. Quando você é indiferente a algo, aí sim não há mais relacionamento.

De todos os relacionamentos em pé de guerra, creio que o que precisa de restauração mais urgente é o familiar, especificamente entre pais e filhos. Certa vez, assisti a um filme italiano chamado *Parente é serpente*. A história gira em torno da ceia de Natal de uma grande família, que se encontra uma vez por ano. A certa altura do banquete, a matriarca pede a palavra e anuncia que o marido está muito doente, carente de melhores cuidados. Sendo assim, um dos filhos terá de acolher o casal idoso em casa. Começa, então, uma grande briga entre os filhos para ver quem ficará com os pais. Enquanto expõem o que têm de pior dentro de si, chegam a um acordo inusitado: matar os pais.

É, de fato, uma história bizarra. Entretanto, ela leva às últimas consequências o que muitos têm pensado em relação aos seus pais, legando-lhes um papel cada vez menos importante a ponto de os considerarem um peso morto.

O relacionamento tumultuado com os pais é fonte de constante e longa ansiedade. Você jamais conseguirá "superar" o fato de que é filho de alguém e que lhe deve honra, como ensina a Bíblia:

> Filhos, obedeçam a seu pais no Senhor, pois isso é justo. "Honra teu pai e tua mãe" — este é o primeiro mandamento com promessa — "para que tenhas longa vida sobre a terra. (Efésios 6:1-3)

O mandamento é claro, mas o cumprimento dele traz muitas dúvidas e problemas. Temos de entender que a grande dificuldade em cumprir isso não está na diferença entre gerações que impedem os pais de entenderem os filhos e vice-versa, mas no fato de que tanto você como seus pais são pecadores e têm expectativas diferentes um para com o outro.

Quando Deus disse: "Filhos, obedeçam aos seus pais", o mundo já estava sob os efeitos da queda. Ou seja, não havia mais pais perfeitos e nem filhos perfeitos. Todos os pais já faziam bobagens, eram pecadores, inadequados e cometiam erros. Ainda assim, isso não impediu o Senhor de ordenar: "Filhos, obedeçam aos seus pais".

Acredito que, em primeiro lugar, que obedecer aos pais e honrá-los é um passo fundamental para obedecer e honrar a Deus. O apóstolo João coloca o princípio de relacionamento com o próximo como medida do relacionamento com Deus da seguinte forma:

> Se alguém afirmar: "Eu amo a Deus", mas odiar seu irmão, é mentiroso, pois quem não ama seu irmão, a quem vê, não pode amar a Deus, a quem não vê. Ele nos deu este mandamento: Quem ama a Deus, ame também seu irmão. (1João 4:20-21)

Devo obedecer meus pais mesmo se eles não temem a Deus?

DESCOMPLICANDO...

O fato de os pais não serem cristãos não desobriga você de honrá-los e nem tira deles a autoridade que possuem sobre você, na condição de filho. A obediência a eles é, antes de mais nada, obediência ao próprio Deus. Logo, se você quer honrar seu Pai celeste, deve honrar seus pais naturais. Com esse comportamento, dará um bom testemunho e poderá ser usado pelo Senhor para pregar a salvação à sua família.

Porém, entenda que a obediência aos pais está debaixo da lealdade a Jesus. Em outras palavras, a devoção aos seus pais não é absoluta — você não pode fazer o que eles ordenam se isso ferir sua fidelidade ao Senhor. Isso não significa que você está desobrigado de obedecer-lhes, mas que está debaixo de um relacionamento maior que a aliança que tem com seus pais: sua aliança com Jesus.

Podemos, sem problema, aplicar esse ensinamento em nosso assunto afirmando o seguinte: quem diz que obedece a Deus, a quem não vê, mas não obedece a seus pais, a os quais vê, é mentiroso. É duplamente mentiroso, eu diria, porque a honra aos pais é um mandamento de Deus; logo, se você desobedece aos seus pais, desobedece ao Senhor.

DESCOMPLICANDO O RELACIONAMENTO COM O OUTRO **143**

Quando vivemos em rebeldia contra nossos pais, é certo que enfrentaremos ansiedade. Em alguma medida, ela pode até ser causada intencionalmente pelos pais. Mas na maioria das vezes, decorre do fato de estarmos desafiando não somente a eles, mas a uma ordem clara do Senhor. Por outro lado, a bênção dos pais sobre a vida dos filhos é fonte de alegria e paz. Deus diz que quem honrar os pais, terá não apenas a bênção deles, mas sua bênção também.

Quero chamar sua atenção para o fato de que há duas atitudes que os filhos devem ter em relação aos pais. Já falamos da primeira, que é a obediência. A obediência é primordial principalmente quando os filhos ainda vivem debaixo dos cuidados de seus pais, na fase da infância, adolescência e princípio da juventude, até que saiam para constituir família ou assumir a responsabilidade total sobre sua vida.

A outra atitude devida é a *honra*. Ela tem de estar presente o tempo todo no relacionamento entre pais e filhos, mas creio que é na fase adulta que ela se mostra mais visível. Quando você já é uma pessoa crescida e responsável pela sua própria casa, as situações em que deve obedecer a seus pais se tornam escassas. Em contrapartida, as oportunidades de honrá-los crescem.

Honrar é muito mais abrangente que obedecer. Acredito que a obediência é apenas *uma* forma de honrar os pais. Existem outras maneiras de fazer isso, e quero compartilhar duas com você.

Uma forma de honrar seu pai e sua mãe é entender o longo e pesado desafio que têm de criar filhos. Quantos anos você tem? Pois então, esse é o tempo mínimo que seus pais têm se dedicado, dia e noite, à tarefa de criar você — acrescente a isso o tempo em que morou dentro da sua mãe, e também os anos que eles dedicaram à criação dos seus irmãos, se você tiver irmãos mais velhos. Talvez não estejam sendo tão bem-sucedidos quanto você esperaria. Mas tenha certeza de que eles estão se esforçando, e que também sabem quando têm deixado a desejar.

Uma das coisas que fazem da paternidade e maternidade tarefas tão complicadas é o nível de responsabilidade que está sobre os pais. Eles são humanos como você, se irritam e se cansam como você, mas, como que de uma hora para outra, são totalmente responsáveis por uma vida. Seus amigos não têm esse mesmo peso que seus pais; por isso, não faz sentido comparar o tratamento que recebe dos amigos com o tratamento que recebe de seus pais.

Meus pais não entendem a direção de Deus para mim

DESCOMPLICANDO...

Se você acredita que o Espírito Santo está direcionando você a fazer determinada coisa que seus pais ainda não aprovam, você precisa se questionar seriamente: "Meus pais, com toda a experiência e sabedoria que possuem, e com todo o amor que têm por mim, mostram-se inadequados para tomar uma decisão nesse caso específico?".

Qualquer que seja a sua resposta, não siga em frente com um espírito de desafio ou de indiferença em relação aos seus pais, como se a opinião deles não importasse. Aja com espírito de humildade, e ore para que eles sejam capazes de discernir que seu desejo é abençoá-los.

Você pode honrar sua mãe e seu pai compreendendo e simpatizando com a enorme responsabilidade que têm em relação a você. Seja paciente com os erros deles, e reconheça e agradeça quando acertam. Seja gentil e diga-lhes o quanto admira o esforço que têm colocado em sua criação. Talvez eles não façam as coisas do jeito que você gostaria, mas estão tentando. Seja grato e trate-os com graça, como você quer ser tratado pelo seu próprio filho.

Em segundo lugar, você pode honrar seus pais reconhecendo que eles não são sempre os responsáveis por causar sentimentos confusos e ruins em você. Muitos filhos se irritam quando a mãe fica dizendo: "Faça isso, faça aquilo!". Geralmente respondem: "Tudo eu, tudo eu!". Se você perguntar a qualquer um deles o porquê de estarem irritados, responderão: "É porque minha mãe fica pegando no meu pé".

Mas será que é mesmo? Não acredito, por exemplo, que Maria não mandasse Jesus fazer as coisas em casa, e também não acredito que ele dava esse tipo de resposta a ela.

Qual é a diferença? "Jesus é Deus, e eu não". Não, não é isso, porque Jesus também era 100% humano, igualzinho você. A diferença está no fato de que ele era santo, e você não é. Em outras palavras, os filhos ficam irritados quando recebem ordens porque, antes de mais nada, os seres humanos nascem rebeldes contra todo tipo de autoridade. Esse é uma consequência da queda que permanece até hoje.

Se você é jovem, entenda que ainda está no processo de aprender a obediência. Jesus também aprendeu a ser obediente (Hebreus 5:8), não porque era desobediente, mas porque qualquer um se torna obediente apenas quando precisa obedecer. Você está nesse processo, e ele vai contrariar os desejos do seu coração pecaminoso.

Dessa forma, não podemos jogar tudo na conta dos pais. A frustração e irritação que você pode sentir dentro do relacionamento em casa podem vir, na verdade, do seu próprio coração, e não do jeito que lidam com você.[3]

Incentivo você a ser uma bênção para seus pais. Busque ouvi--los, amá-los, respeitá-los, dar-lhes a devida honra e autoridade. Evite confronto, provocações e atitudes que possam gerar inimizade ou constrangimento. Ore assim: "Deus, conceda-me a graça de, mesmo com a minha pouca idade, sem ser presunçoso, orgulhoso e nem desrespeitoso, amar, abençoar e ministrar aos meus próprios pais".[4]

Seus pais abençoaram você com a vida, e você deve abençoá-los dedicando sua vida a eles também. Nunca deixe de orar para eles, com eles e por eles. Comunique-lhes também que você deseja a bênção deles. Se eles perceberem que você não quer ser rebelde nem os desafiar, mas honrá-los de coração, eles o abençoarão com muita alegria.

Se você tem enfrentado lutas com seus pais, vá aos pés do Senhor. Se foi você quem causou o problema, humilhe-se, peça perdão, e pergunte como pode reparar o dano que causou. Se a falta de paz e harmonia vem pelo lado deles, ore. Em casa, a pregação é feita de joelhos, não com palavras; com testemunho, não com pressão. Peça a Deus sabedoria e estratégias eficazes para alcançar graça diante de seus pais e viver a paz dentro de casa.

Deus deseja que nosso lar seja um ambiente de amor, e jamais uma fonte de ansiedade. Ele sabe que nosso pecado e orgulho impedem isso de ser uma realidade. Mas em vez de desistir, o Senhor prometeu:

---

[3]John Piper. "Advice to Teens About Their Parents" [Conselhos para adolescentes a respeito de seus pais]. Disponível em <www.desiringgod.org/interviews/advice-to-teens-about-their-parents>. Acesso em 25 de abril de 2018.
[4]Idem.

Vejam, eu enviarei a vocês o profeta Elias antes do grande e temível dia do SENHOR. Ele fará com que os corações dos pais se voltem para seus filhos, e os corações dos filhos para seus pais. (Malaquias 4:5-6a)

Essa profecia mostra, de forma inequívoca, que um dos efeitos da vinda de Cristo é converter o coração dos pais aos filhos e dos filhos aos pais. Jesus veio, então podemos experimentar em nossa casa o cumprimento da profecia. Rearranje seus relacionamentos em torno do Senhor e experimente paz.

CAPÍTULO **6**

DESCOMPLICANDO
o relacionamento
CONSIGO

sim.ples

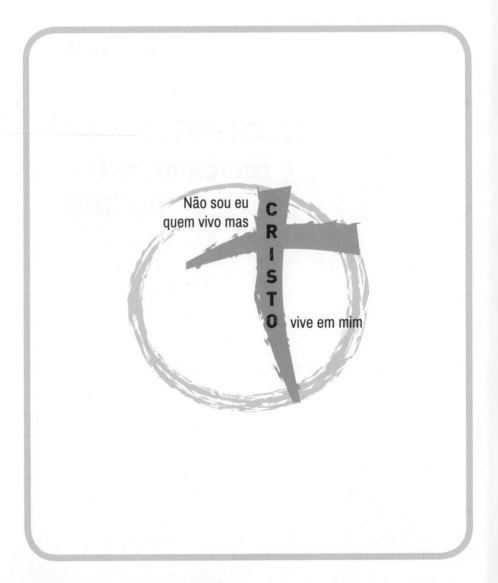

Não sou eu quem vivo mas CRISTO vive em mim

"— Eu sou seu amigo. Meu nome é Gian Carlo. Quem é você? Qual é o seu nome?

— ...

— Qual é o seu nome?

— Eu não sei!"

Esse é o primeiro diálogo do filme *Identidade Bourne*. Recém--salvo pela tripulação de um navio de pesca, que o encontrou boiando no meio do oceano, Jason Bourne não tem a menor ideia de quem é. A única coisa que possui é um chip que havia sido implantado em seu quadril.

Se isso já não fosse misterioso o suficiente, o desenrolar do filme vai adensando a trama. O espectador — e o próprio Jason — vão descobrindo que ele tem a capacidade de ganhar uma luta usando nada mais que uma revista enrolada e uma caneta esferográfica. O enigmático personagem possui habilidades ímpares, e um cérebro altamente treinado para lidar com praticamente qualquer situação que encontrar.

Ainda assim, Jason não consegue descobrir quem é. E essa é a sua única preocupação. Ele parece não estar nem aí para os seus incríveis talentos. Só quer descobrir a sua identidade.

Todo ser humano sem Cristo é um Jason Bourne da vida real. Ele sabe fazer várias coisas admiráveis, como se comunicar, se reproduzir, descobrir a fórmula para calcular a aceleração da gravidade. Porém, não tem a menor ideia de quem é e do porquê consegue fazer tudo isso. Ao mesmo tempo em que parece estar profundamente alinhado com as coisas ao seu redor, o ser humano encontra-se desconectado de si próprio.

O relacionamento do homem consigo mesmo é uma das relações que precisam ser descomplicadas, e só alcançará simplicidade quando for resgatado pela vida e obra de Jesus. É o último relacionamento que veremos neste livro, e ele, quando for restaurado em Cristo, será de grande importância na luta contra a ansiedade.

Como Jason Bourne, fomos lançados num mar tempestuoso quando o pecado entrou no mundo, e sofremos de uma amnésia espiritual. Não sabemos quem somos, de onde viemos, e nem para onde vamos. Contudo, nem todo mundo tem a mesma curiosidade que Jason. Acabam tão impressionados com suas habilidades que nem fazem questão de saber quem são e porque foram feitos assim. Pensam que isso, na verdade, não tem tanta importância, uma vez que seus talentos podem levá-los a ser quem quiserem.

Mas as coisas simplesmente não fazem sentido. Jason não pode simplesmente viver como os demais porque ele não é como todos os demais. Da mesma forma, o homem não pode simplesmente olhar para uma formiga ou para um macaco e decidir que pode se inspirar neles para conduzir sua vida e entender sua origem e seu destino. Isso não faz nenhum sentido, porque sua capacidade é muito superior à das formigas e dos macacos. Infinitamente maior. Por mais que tente, ele não pode negar esse fato.

A única coisa que satisfaz o ser humano é cumprir seu propósito: glorificar a Deus com a sua existência. Isso, porém, é mais que uma missão de vida. É a nossa identidade. Isso define você mais do que o nome que está registrado em seus documentos. Mais do que sua história de vida. Mais do que seu gosto musical, o time do seu coração, sua comida favorita, seus medos e segredos. Essas coisas fazem parte de você, mas não são suficientes para dar uma visão clara da sua verdadeira identidade.

Você já viu aqueles espelhos que distorcem a imagem de quem está se vendo? Uns deixam a gente encurtado e largo. Outros nos dão a impressão de que temos 3 metros de alturas e 20 quilos.

154 DESCOMPLIQUE-SE

Nenhum deles lhe dá uma imagem exata de quem você é. Apesar disso, a pessoa que vê refletida lá é, de alguma forma você. Do mesmo modo, as suas particularidades apontam para você, mas não o definem com perfeição. São espelhos distorcidos.

Às vezes, as pessoas ficam presas a esses espelhos, achando que eles refletem exatamente quem elas são. Elas se definem pela sua profissão, pela sua nacionalidade, pela sua família, pelo seu partido político, pelo seu perfil na rede social favorita. Isso são pecinhas de um enorme quebra-cabeça que nunca fica completo, que jamais mostra a imagem finalizada.

Há um único espelho no qual o homem pode ser olhar e se ver como realmente é. Esse espelho se chama Palavra de Deus:

> Sejam praticantes da palavra, e não apenas ouvintes, enganando-se a si mesmos. Aquele que ouve a palavra, mas não a põe em prática, é semelhante a um homem que olha a sua face num espelho e, depois de olhar para si mesmo, sai e logo esquece a sua aparência. Mas o homem que observa atentamente a lei perfeita, que traz a liberdade, e persevera na prática dessa lei, não esquecendo o que ouviu mas praticando-o, será feliz naquilo que fizer. (Tiago 1:22-25)

A Palavra é um cristal perfeito que reflete nossa imagem sem pôr nem tirar nada. Está tudo ali, relevado, explicitado. Ela mostra quem deveríamos ser, e no que nos tornamos.

No entanto, a Palavra de Deus não é apenas um livro. Ela é uma Pessoa:

> No princípio era aquele que é a Palavra. Ele estava com Deus, e era Deus. [...] *Aquele que é a Palavra* tornou-se carne e viveu entre nós. Vimos a sua glória, glória como do Unigênito vindo do Pai, cheio de graça e de verdade. (João 1:1,14, *grifo nosso*)

Vi os céus abertos e diante de mim um cavalo branco, cujo cavaleiro se chama Fiel e Verdadeiro. [...] Está vestido com um manto tingido de sangue, *e o seu nome é Palavra de Deus*. (Apocalipse 19:11,13, *grifo nosso*)

Jesus é a Palavra de Deus; por isso ela é viva e eficaz (cf. Hebreus 4:12). Cristo nos mostra quem realmente somos, e é o modelo do que deveríamos ser. Porém, ele faz mais que nos mostrar essas coisas. Quando Jesus habita em nós e nós habitamos nele, por meio da fé em sua salvação; quando temos essa união íntima com Cristo, ele nos *transforma* na pessoa que deveríamos ser originalmente. Ele revela e resgata nossa identidade manchada pelo pecado. Ele ensina qual é nosso propósito e nos habilita a cumpri-lo.

Quando você vive em Cristo, e ele vive em você, quem define sua identidade é o próprio Jesus. Ele comunica:

- Que seu pai é Deus, e que sua família é a família dele;
- Que sua profissão é ser servo de Jesus;
- Que sua nacionalidade é a de cidadão do Reino dos céus;
- Que seu histórico é a justiça de Cristo, atribuída a você pela fé;
- Que seu maior bem, sua herança, é a vida eterna;
- Que a maior força atuante dentro de você é a do Espírito Santo.[1]

Essas coisas mais básicas — quem somos, de onde viemos, e para onde vamos — são definidas por Jesus e em Jesus, e representam a nossa *identidade*.

Porém, além de redimir nossa identidade, o Senhor Jesus nos resgata como indivíduos. Você possui um propósito geral, o qual

---

[1] J.A. Medders. "Bourne Again". Disponível em <www.desiringgod.org/articles/bourne-again>. Acessado em 26 de abril de 2018.

compartilha comigo e com toda a humanidade, que é o de glorificar a Deus. No entanto, você tem particularidades que são apenas suas. Trata-se de um conjunto de características mais específicas que o diferencia de outras pessoas, e até mesmo de seus irmãos em Cristo. Essas coisas fazem parte da sua *personalidade*: seu jeito de se comunicar, suas habilidades, sua maneira de lidar com as pessoas, com números, etc. Todos os detalhes da sua personalidade lhe foram dados pelo Criador no momento em que ele criou você, e lhe permitem cumprir de modo único o seu objetivo mais geral como ser humano (que é viver para a glória de Deus, caso você tenha esquecido). Dessa forma, a maneira com a qual você glorificará a Deus não é a mesma que eu. Eu sou químico e pastor, você pode ser jornalista e compositor de músicas. Eu sou uma pessoa reservada, você pode ser expansivo e brincalhão. Todos nós, com nosso jeito único de ser, glorificamos ao Senhor quando vivemos de maneira autêntica a nossa personalidade.

Porém, como você pode imaginar, sua personalidade também não escapou ao desastre cósmico do pecado. Ela foi-lhe dada por Deus como um presente, mas sofre de disfunções pós-queda. Assim, não existem personalidades mais "santas" que outras. Todas foram igualmente criadas por Deus, mas todas foram afetadas pelo pecado. O que existe são personalidades *convertidas* e *santificadas* por Cristo.

Essa restauração tem início, como todo o resto, na entrega da vida a Cristo. Porém, de novo, como todo o resto, nesse momento não ocorre nenhuma mágica que instantaneamente torna a pessoa em alguém melhor, mais bondoso, mais controlado, etc. O que de fato ocorre instantaneamente é que o Espírito passa a habitar dentro daquele que entrega a vida a Jesus. Com isso, a pessoa recebe poder para resistir ao pecado e vencer as fraquezas de sua personalidade.

Entretanto, vocês não estão sob o domínio da carne, mas do Espírito, se de fato o Espírito de Deus habita em vocês. E, se alguém não tem o Espírito de Cristo, não pertence a Cristo. (Romanos 8:9)

Com o Espírito morando e agindo dentro de nós, não precisamos mais ceder aos pontos fracos da nossa personalidade, mas podemos trabalhar neles e descobrir novas forças para servir e glorificar a Deus. Entenda, assim, que quando você se torna cristão, você não muda de personalidade. Você não se vira outra pessoa, não fica com "cara de crente". Tem gente que acha que todo mundo que segue a Jesus precisa ter a mesma cara, os mesmos gostos, falar as mesmas palavras. Não é nada disso. Quando Jesus entra no seu coração, ele permite que você seja o mais você possível! Ele o liberta das coisas pecaminosas que antes ofuscavam e limitavam o seu temperamento, e permite que você seja autêntico.

Vamos ver um pouco sobre como cada temperamento foi afetado pelo pecado, e como pode ser tratado pelo Espírito Santo.

ATENÇÃO

Os estudos de temperamento são bastante extensos, mas não é minha intenção para este livro aprofundar-me neste assunto. Por isso, apresento cada temperamento de forma geral. Além disso, perceba que todos nós apresentamos traços de todos os temperamentos — algumas características, porém, se sobressaem e nos definem melhor. Se você tem dúvida sobre a qual temperamento pertence, pesquise mais sobre o assunto, e também converse com as pessoas que convivem bem perto de você. Nossos familiares e amigos, muitas vezes, conseguem ter uma noção mais precisa da nossa personalidade.

Todas as descrições a seguir foram extraídas de D. W. Ekstrand "The Four Human Temperaments" [Os quatro temperamentos humanos]. Disponível em <www.thetransformedsoul.com/additional-studies/miscellaneous-studies/the-four-human-temperaments>. Acesso em 27 de abril de 2018.

O SEU TEMPERAMENTO E O ESPÍRITO SANTO

Entende-se hoje que há quatro tipos específicos de personalidades ou *temperamentos* nos quais as pessoas se dividem (veja mais no box "A teoria dos quatro humores"). Esses tipos combinam-se entre si em proporções variadas, produzindo a mais vasta gama de personalidades, que é o que encontramos em nosso círculo de convivência. Entretanto, de modo bem geral, todos se resumem a quatro tipos básicos: sanguíneos, coléricos (temperamentos extrovertidos), melancólicos e fleumáticos (temperamentos introvertidos), os quais descrevo nas próximas páginas.

A teoria dos quatro humores

DESCOMPLICANDO...

O grego Hipócrates é considerado o "pai da medicina". Ele revolucionou a prática da medicina da sua época, refletindo sobre as enfermidades e buscando a cura das doenças propriamente ditas, não focando somente no tratamento de sintomas. Essa distinção entre sintoma e doença, aliás, foi uma das contribuições de Hipócrates.

Ele também se tornou famoso por ser o primeiro a considerar problemas psiquiátricos como sendo doenças — especificamente a epilepsia — e por propor uma das primeiras teorias que visava a explicar os diferentes temperamentos das pessoas. Ainda hoje, a "Teoria dos quatro humores" serve de base para estudos da personalidade humana.

Sanguíneo, o falante

O sanguíneo é uma pessoa bastante expressiva. Fica animado ao lidar com outras pessoas, ao expressar seus pensamentos e influenciar os outros. É sociável e carismático, mas gosta de ser o centro das atenções. O sanguíneo tem muita energia e disposição, porém, é péssimo em completar tarefas. Quase sempre está atrasado, e não é raro se esquecer de suas obrigações.

O sanguíneo tem um coração enorme — tão grande que às vezes esquece de usar o cérebro para tomar suas decisões. Como é impetuoso e impulsivo, faz escolhas sem pensar muito, e geralmente se dá mal com isso. Mas no coração do sanguíneo cabe todo mundo, e por isso vive cercado de amigos e sempre é bem-vindo em festas.

O apóstolo Pedro é considerado um bom exemplo de sanguíneo, sendo alguém que falava demais (inclusive quando precisava ficar quieto), mas que demonstrou seu amor por Jesus com toda ousadia.

Colérico, o executor

O colérico é o mais confiante de todos os temperamentos. Ele é excelente em estabelecer metas e alcançá-las. É a pessoa perfeita para tomar decisões rápidas e eficientes. Porém, coitado de quem se colocar no caminho de um colérico determinado... Vai ser atropelado por um trator! Isso porque o colérico, embora seja bastante capaz de animar e incentivar os outros, geralmente não se importa com os sentimentos das pessoas.

No entanto, o colérico se ofende com facilidade. Como aplica sua energia em tudo o que faz — e procura fazer com excelência — ele é bastante sensível a elogios ou críticas. Porém, será difícil alguém conseguir desanimar um colérico. Ele é perseverante, e se há algo para executar, pode ter certeza de que, faça chuva ou faça sol, ele irá completar a tarefa.

O apóstolo Paulo é um ótimo exemplo bíblico de colérico. Podemos ver que nada o impedia de realizar o que tinha em mente, seja perseguir a Igreja de Cristo, antes de sua conversão, seja proclamar o evangelho aos quatro cantos do mundo.

Melancólico, o pensador

O melancólico é a pessoa atenta aos detalhes. É organizado, focado, criativo, mas muito perfeccionista. Apesar de ter capacidade de resolver problemas que os outros consideram difíceis demais, ele prefere trabalhar sozinho a estar em um grupo. Além de se concentrar melhor na solidão, o melancólico é muito exigente quanto ao seu próprio desempenho.

Sendo crítico demais, o melancólico pode acabar vendo apenas o lado ruim das coisas, incluindo de si mesmo. Com isso, sente-se incapaz, deprimido e culpado. No entanto, sua sensibilidade lhe permite se expressar bem no campo das artes, e de atentar às necessidades das pessoas, tornando-se bons agentes de saúde e trabalhadores no ministério pastoral.

Moisés é um exemplo de melancólico na Bíblia. Foi relutante quando Deus o chamou, porque achou que não daria conta, mas foi capaz de cuidar dos israelitas como um pai, durante os quarenta anos em que vagaram pelo deserto.

Fleumático, o observador

O fleumático é quem você procura para conversar quando precisa se acalmar. Ele é tranquilo, paciente, gentil, simpático, calmo — mas conversar com ele vai depender de você tomar a iniciativa, porque ele é tímido e prefere ficar não seu canto do que correr riscos. Mas quando você consegue fazer amizade com um fleumático, pode ter certeza de que ela durará para sempre.

Essa característica de ficar na sua dá ao fleumático a chance de ser bom em observar as coisas, e conseguir ler nas entrelinhas. Porém, ele odeia mudanças, e sente-se, com isso, bastante ameaçado, indeciso, relutante e preocupado. Por isso, muitas vezes, prefere não se envolver nas coisas por causa do medo, e pode dar a impressão de que é preguiçoso e apático.

Abraão representa os fleumáticos na Bíblia. O medo do desconhecido levou-o a mentir e colocar sua própria esposa em risco algumas vezes. Porém seu caráter tranquilo e manso permitiu que ele se tornasse amigo íntimo de Deus e o pai de todos os que creem.

...●...

Como você pôde perceber, cada personalidade possui talentos únicos, mas também, por causa do pecado, fraquezas singulares. Assim, elas também flertam com a ansiedade de maneira bastante própria. Dessa forma, o que causa ansiedade em determinado tipo de pessoa acaba não influenciando em nada outro tipo, e vice-versa. Vejamos, então, quais situações contribuem para levar cada temperamento à ansiedade.[2]

Sanguíneo, o falso valente

O sanguíneo chega na sala e já domina a conversa e a atenção das pessoas. Toda essa presença e ousadia nos fazem pensar que é bem difícil que ele se sinta ansioso. Mas ele se sente sim... Uma fonte de ansiedade do sanguíneo está em sua forte tendência de se sentir inseguro. Ele é carismático, mas teme não ser aceito ou não ser considerado como alguém legal e bem-sucedido. Por isso, coisas que ele "acha" que precisa ter lhe causam ansiedade. Outro ponto

---

[2]As informações foram extraídas de Tim LaHaye. *Temperamentos Transformados.* São Paulo: Mundo Cristão, edição eletrônica de 2012.

de atenção no temperamento sanguíneo é seu medo de tomar decisões sozinho. Sente-se ansioso diante de escolhas cruciais e, por isso, prefere procrastinar.

Colérico, o inimigo da paz

Diferentemente do sanguíneo, o colérico não tem medo de tomar decisões, e sua indiferença ao que os outros pensam dele lhe poupa de se preocupar em ser aceito ou não. No entanto, sua personalidade determinada e briguenta geralmente faz dele o inimigo n° 1 da paz. Ele mesmo não sabe o que é estar em paz, porque está sempre agitado e dividido entre muitas tarefas (como Marta, que, aliás, é um exemplo de mulher colérica). O colérico geralmente se sente ansioso quando seus projetos terminam, e ele fica inquieto para arranjar uma nova atividade.

Melancólico, o angustiado crônico

O calcanhar-de-aquiles do melancólico é sua visão negativa e pessimista da vida e de si mesmo. Aos seus olhos, o mundo pode ser um lugar terrível, cheio de coisas ruins prontas para acontecer. Esses pensamentos o deixam angustiado e sempre ansioso. Quanto à visão pessimista que tem de si mesmo, refletida quase sempre num complexo de inferioridade, ela faz com que o melancólico tenha muito medo do fracasso. Se ele tiver fracassado uma vez, sua sensação de inferioridade aumenta, e ele passa a ter pavor de qualquer nova tentativa, com medo de falhar mais uma vez.

Fleumático, o medroso em pessoa

O medo é um dos problemas mais constantes do fleumático. De todos os temperamentos, ele é o mais temeroso, principalmente em relação a coisas novas, e por isso tem a tendência de se preocupar com tudo, estando sempre angustiado. Como o fleumático preza pela estabilidade, qualquer coisa que venha ameaçar o seu cantinho confortável é fonte de ansiedade. Some-se a isso seu medo de falhar e decepcionar as pessoas. Geralmente o fleumático acaba sendo paralisado pelo medo, e não consegue se envolver em atividades e relacionamentos novos.

···•···

Apesar de a ansiedade assolar os temperamentos de múltiplas formas, a ação do Espírito Santo é poderosa e suficiente para ajudar qualquer um deles a lidar com o medo. Essa luta não pode ser travada segundo a força de cada temperamento, mas no poder que o Espírito dá, e que age em nós desde o momento de nossa conversão.

Uma forma de vencer a ansiedade específica de seu temperamento é aplicando o evangelho à sua vida de modo que ele reestruture sua identidade à luz de quem você é em Cristo. Como cada temperamento possui uma fraqueza específica, podemos focar num ponto específico da obra de Jesus operou em nós.

Nos diagramas das páginas a seguir, veremos como as fontes de ansiedade de cada temperamento, e como o evangelho pode ser aplicado especificamente a eles.

Cada temperamento pode se apropriar dessas verdades e repeti-las para si mesmo (em voz alta, se for necessário) quando a ansiedade atacar. Além dessa medida, você pode seguir o seguinte passo a passo, quando a ansiedade bater à porta do seu coração:

- Em primeiro lugar *reconheça* que o sentimento de ansiedade é pecaminoso e, em seguida, *confesse*, se tiver cedido a ela. A ansiedade é um pecado porque nasce da insegurança e da falta de fé em Jesus (no seu cuidado, na sua suficiência, no seu amor, etc.).
- Em segundo lugar, *submeta*-se inteiramente a Deus. Seus medos, em grande parte, brotam do fato de buscar em outras coisas

SANGUÍNEO

Necessidade de **IMPRESSIONAR**

Medo de não ser **ACEITO**

SANGUÍNEO

A aceitação de Deus é a única de que o sanguíneo precisa, porque ele é o seu Criador e Senhor. Apesar disso, não precisa impressioná-lo para ser aceito, porque ele o **ama de modo incondicional e inabalável**.

COLÉRICO

Não valoriza a **PAZ**

Não consegue se **AQUIETAR**

COLÉRICO

O maior projeto que o colérico pode iniciar é uma caminhada com Jesus. Porém, mais do que se lançar a um ativismo louco, andar com Cristo é saber que ele está mais interessado **em quem o colérico é do que no que ele faz**.

MELANCÓLICO

Tem medo de **FRACASSAR**

Teme o **MAL**

MELANCÓLICO

A perfeição que o melancólico almeja alcançar foi atingida apenas por Cristo. Mas ela pode ser dele quando abre mão das suas tentativas de ser perfeito e **descansa em quem Jesus é e no que fez por ele.**

FLEUMÁTICO

Preocupa-se com MUDANÇAS

Teme o NOVO

FLEUMÁTICO

Deus é a única coisa perfeita e eternamente estável na vida do fleumático. Nele não há nem sombra de mudanças, porque permanece o mesmo para sempre. Assim, quando o fleumático firma nele sua fé, pode ter certeza de que **não será abalado**.

(ídolos) a satisfação de seus desejos mais profundos. Quando você busca contentamento real em Jesus, e entrega a ele seus sonhos e prioridades, pode desfrutar de paz.

- Em terceiro e último lugar, *caminhe* na força do Espírito, e não confiante em suas próprias habilidades. Você não precisa, e nem pode, ficar preso pelas suas limitações. Caminhando no Espírito, você é capaz de superá-las, pois não dará espaço para o pecado: "Por isso digo: Vivam pelo Espírito, e de modo nenhum satisfarão os desejos da carne" (Gálatas 5:16).

TEM REMÉDIO?

Até o momento, tratei da ansiedade como algo causado por fatores externos, situações que desestabilizam o indivíduo e que o levam a ficar temeroso, ansioso ou sem paz. No entanto, de forma alguma podemos concluir que são apenas as pressões externas que alimentam a ansiedade. Já dissemos e repetimos que a queda não danificou apenas nossas emoções e nossa espiritualidade. O corpo do ser humano mostra sinais visíveis da degradação e da corrupção que o pecado causou no plano original de Deus.

Sendo assim, é possível — e tem-se tornado bastante comum, diga-se de passagem — que a ansiedade se manifeste nas pessoas como uma *doença*, independentemente do temperamento delas e também de sua vida e comunhão com Deus. Como toda enfermidade, os transtornos de ansiedade apresentam sintomas,

ATENÇÃO

Novamente, as informações que ofereço nestas páginas não são extensivas e nem substituem um diagnóstico feito por um médico especializado. Meu objetivo não é orientá-lo quando ao tratamento que deve buscar, mas informar a respeito do assunto e incentivá-lo a buscar ajuda especializada, caso sinta necessidade.

DESCOMPLICANDO O RELACIONAMENTO CONSIGO **169**

necessitam de diagnóstico preciso e requerem tratamento e acompanhamento médico.

Segundo a Associação de Psiquiatria Americana, há diferentes transtornos de ansiedade, por isso é preciso haver diagnóstico antes de dar início a um tratamento. Entretanto, possuem duas coisas em comum: a própria sensação de ansiedade, em primeiro lugar; e o comportamento de esquiva, ou seja, a tendência de evitar determinadas situações que gerem muita ansiedade.[3] Os principais transtornos conhecidos hoje são:

- **Transtorno de Ansiedade Generalizada (TAG):** caracteriza-se por um estado permanente de ansiedade, sem qualquer associação direta com situações ou objetos específicos.
- **Fobia social ou Transtorno de Ansiedade Social (TAS):** caracteriza-se por um forte receio de ser constrangido publicamente.
- **Transtorno Obsessivo-compulsivo (TOC):** caracterizado por pensamentos obsessivos, tal qual o medo de ser contaminado, por exemplo.
- **Transtorno de Estresse Pós-traumático (TEPT):** é desencadeado após a exposição ou vivência de um evento traumático significativo.
- **Transtorno do pânico:** caracterizado por ataques de pânico (medo extremo), acompanhados de falta de ar, sudorese, tremores, taquicardia, etc.
- **Transtorno de ansiedade de separação:** caracterizado pelo medo exacerbado de ficar afastado de casa ou de parentes próximos.
- **Fobias específicas:** caracterizadas pelo medo de um objeto ou situação definida.

---

[3]Ana Beatriz Barbosa Silva. *Mentes ansiosas*. Rio de Janeiro: Objetiva, edição eletrônica de 2011, p. 27.

- **Hipocondria:** medo intenso de contrair uma doença grave.
- **Anorexia nervosa:** preocupação excessiva quanto à possibilidade de engordar ou ganhar peso.[4]

O diagnóstico médico é muito importante quando a pessoa apresenta uma ansiedade fora do normal, pois algumas doenças orgânicas apresentam a ansiedade como um dos sintomas, e precisam de tratamento por especialistas da área. Entre essas doenças podemos destacar hipertireoidismo, abuso de substâncias e doenças cardiovasculares, entre outras.[5]

A ansiedade também pode ser desencadeada em função do consumo de determinados alimentos. Alguns componentes alimentares incitam no corpo a produção de certos hormônios que, por sua vez, estimulam um comportamento ansioso. Se você quer levar sua luta contra a ansiedade a sério, considere evitar os seguintes componentes:[6]

Cafeína

A cafeína deflagra ansiedade e até mesmo sintomas de pânico porque excita vários mecanismos de estimulação do corpo: eleva o nível de noradrenalina do cérebro, um neurotransmissor que aumenta a vivacidade; e estimula a descarga de hormônios do estresse, intensificando ainda mais os sintomas de nervosismo e agitação.

Açúcar

Com o predomínio do açúcar em muitos alimentos, nossa sociedade acaba produzindo milhares de viciados em açúcar, de todas as faixas etárias. A ingestão excessiva de açúcar pode ser um importante

---

[4]Idem, pp. 132-133.
[5]Idem, p. 133.
[6]Idem, pp. 156-160.

fator no surgimento de sintomas de ansiedade. A pessoa pode se sentir inicialmente eufórica após ingerir açúcar e, depois, experimentar um rápido choque e uma redução profunda em seu nível de energia. Quando o nível de açúcar no sangue fica demasiadamente baixo, a pessoa sente-se ansiosa, agitada e confusa porque o cérebro ficou privado do seu maior combustível. Não há dúvidas de que o excesso de açúcar estressa muitos sistemas do organismo, o que piora a saúde e intensifica a ansiedade, a tensão nervosa e a fadiga. Procure satisfazer seu desejo de doce substituindo-o por alimentos mais saudáveis.

Álcool

O álcool é também um açúcar, por isso é rapidamente absorvido pelo organismo. Ele aumenta os sintomas de hipoglicemia, e o uso excessivo de álcool pode aumentar a ansiedade e as oscilações de humor.

Suplementos alimentares

Milhares de suplementos químicos são usados na fabricação comercial de alimentos. Alguns muito populares — como os adoçantes sintéticos (tipo aspartame), o glutamato monossódico e os conservantes (como os nitratos e os nitritos) — podem produzir sintomas alérgicos e desencadear ansiedade em muitas pessoas.

A FÉ E A CURA

Muitas pessoas ainda relutam em considerar disfunções psicológicas, tais quais ansiedade e depressão, por exemplo, como doenças, pois creem que são situações ligadas a problemas espirituais. Diria que estão absolutamente certas, porque *todas as doenças derivam de um problema espiritual*, chamado pecado. De dor de cabeça até o ebola, todas as enfermidades humanas e não humanas são fruto do pecado.

Desse modo, toda cura está nas mãos de Deus, seja a cura da enfermidade de uma planta, de um animal de estimação seja de um ser humano. E o Senhor administra a cura da forma que quer: pela oração, pela administração de remédios, pela imposição de mãos, pelo regime alimentar, pela confissão de pecados, pela terapia. O Senhor não é mais poderoso porque cura uma doença por meio de uma oração em vez de se valer de medicamentos.

Certa vez, enquanto Israel peregrinava pelo deserto, eles irritaram o Senhor de maneira notável — eles viviam irritando, mas dessa vez o negócio foi *sério*, a ponto de Deus os castigar como nunca fizera antes:

> Partiram eles do monte Hor pelo caminho do mar Vermelho, para contornarem a terra de Edom. Mas o povo ficou impaciente no caminho e falou contra Deus e contra Moisés, dizendo: "Por que vocês nos tiraram do Egito para morrermos no deserto? Não há pão! Não há água! E nós detestamos esta comida miserável!"
>
> Então o Senhor enviou serpentes venenosas que morderam o povo, e muitos morreram. (Números 21:4-6)

A "comida detestável" à qual o povo se referia era o maná que Deus mesmo enviava do céu todos os dias. O Senhor se irou com essa reclamação e mandou serpentes venenosas — a tradução *Revista e Atualizada* diz "serpentes abrasadoras". Sem o soro antiofídico, o povo morria. Então eles notaram a gravidade da ofensa que haviam cometido e foram falar com Moisés: "Pecamos quando falamos contra o Senhor e contra você. Ore pedindo ao Senhor que tire as serpentes do meio de nós" (v. 7).

Deus ouviu a oração, porém, *não* retirou as serpentes de lá. Em vez disso, ele proveu o povo com um recurso ao qual deveriam recorrer quando fossem picados pelas cobras:

O Senhor disse a Moisés: "Faça uma serpente e coloque-a no alto de um poste; quem for mordido e olhar para ela viverá".

Moisés fez então uma serpente de bronze e a colocou num poste. Quando alguém era mordido por uma serpente e olhava para a serpente de bronze, permanecia vivo. (Números 21:8-9)

Deus foi menos misericordioso ou poderoso por dar a cura por meio da serpente de bronze em vez de remover as serpentes reais? Creio que não. A maneira com que administra sua graça e seu poder são foro exclusivo dele. Seja com uma terapia, seja com uma oração, a cura vem única e exclusivamente das mãos do Senhor.

Sendo assim, se a sua ansiedade sai dos níveis do normal, busque a cura que vem do Senhor. Isso implica várias coisas:

- Alinhar seu coração com o de Jesus, mantendo suas esperanças reais centralizadas somente nele;
- Alinhar seus relacionamentos com as pessoas ao redor de você, evitando e restaurando relacionamentos maléficos;
- Se apropriar da identidade que você possui nele, e entender como a ansiedade o afeta de maneira específico, de acordo com o seu temperamento;
- Buscar um estilo de vida saudável, evitando ambiente, atitudes e alimentos que estimulem a ansiedade;
- Seguindo corretamente um tratamento médico, se este for o seu caso, buscando profissionais que sejam equilibrados e competentes.

Em resumo: a busca pelo fim da ansiedade é uma jornada integral, que passa pelos vários relacionamentos e aspectos da sua vida. Conte com o auxílio e a sabedoria do Senhor para prosseguir do modo específico que ele o orientar. Confie que ele é a sua cura.

Em Mara o Senhor lhes deu leis e ordenanças, e os colocou à prova, dizendo-lhes: "[...] *eu sou o Senhor que os cura*". (Êxodo 15:25b,26b)

Bendiga o Senhor a minha alma! Não esqueça nenhuma de suas bênçãos! É ele que perdoa todos os seus pecados *e cura todas as suas doenças.* (Salmos 103:2-3, *grifo nosso*)

FERRAMENTAS
extras para lidar com a ANSIEDADE

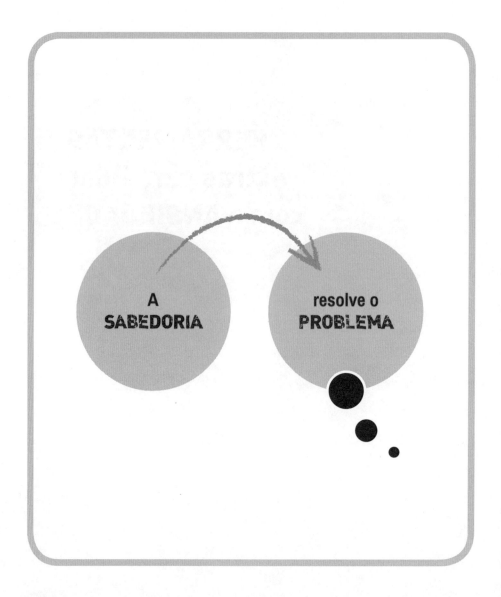

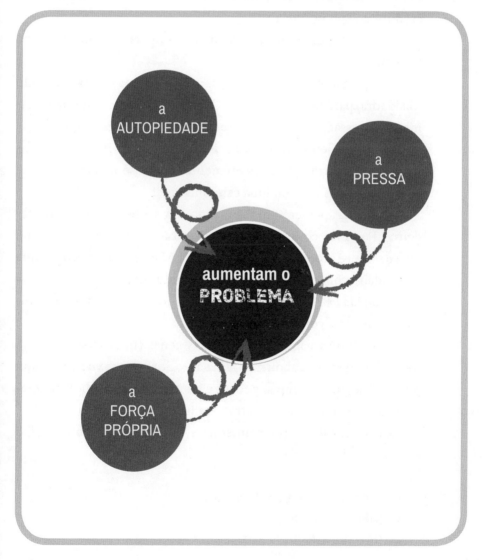

O filme acabou. As luzes se acendem e todo mundo começa a recolher seus pertences para sair da sala de cinema enquanto os créditos sobem pela tela.

De repente, contudo, os créditos são interrompidos por uma imagem.

Os espectadores mais ansiosos, a essa altura, já estão fazendo fila lá fora, para usar o banheiro. Os não tão ansiosos, porém igualmente apressados, param com tudo no meio da escada, quase causando um acidente. Apenas os persistentes continuam em suas poltronas, aguardando pacientemente, como se já soubessem de antemão: esse filme tem uma cena surpresa!

Essas cenas pós-créditos são como um presente para os verdadeiros fãs. Elas contêm alguma revelação surpreendente (como quase sempre acontece com os filmes da Marvel Studios), ou é uma brincadeira com o espectador, como acontece no pioneiro *Curtindo a vida adoidado*. A verdade é: apenas os fortes e pacientes são brindados com esse conteúdo surpresa.

Estas últimas páginas são algumas cenas finais após o fim do livro. Sim, o livro acabou na página anterior, mas se você ficar aqui por mais alguns minutos, poderá encontrar algumas dicas preciosas que lhe darão *expertise* extra para lidar com a ansiedade.

Vou apresentar três ferramentas e, depois delas, ponto final, o livro acaba de verdade:

- Saber lidar com o sofrimento
- Saber viver o hoje
- Buscar a sabedoria de Deus

1. SABER LIDAR COM O SOFRIMENTO

Por que Deus permite que as pessoas sofram, inclusive, aquelas que entregaram a vida aos cuidados dele? Uma vez que o sofrimento pode ser grande fonte de ansiedade e gerar bastante incerteza, saber lidar com ele é essencial se queremos ser menos ansiosos.

O sofrimento possui causas específicas, e apesar de elas se apresentarem, na prática, de várias formas, podemos resumi-las a três: o pecado, o amadurecimento espiritual e a manifestação da glória de Deus. Vejamos uma a uma.

Pecado

O pecado, como dissermos, é a origem de todo o sofrimento do mundo. Ele infectou toda a criação, de modo que animais sofrem, vegetais sofrem, elementos sofrem, e o homem também sofre.

> Considero que os nossos sofrimentos atuais não podem ser comparados com a glória que em nós será revelada. A natureza criada aguarda, com grande expectativa, que os filhos de Deus sejam revelados. Pois *ela foi submetida à inutilidade*, não pela sua própria escolha, mas por causa da vontade daquele que a sujeitou, na esperança de que a *própria natureza criada será libertada da escravidão da decadência em que se encontra*, recebendo a gloriosa liberdade dos filhos de Deus. Sabemos que *toda a natureza criada geme até agora*, como em dores de parto. (Romanos 8:18-22, *grifo nosso*)

Essa condição do sofrimento humano faz parte da vida neste mundo, e não irá mudar até que Cristo volte:

> [Respondeu Jesus]: "Eu lhes disse essas coisas para que em mim vocês tenham paz. Neste mundo vocês terão aflições; contudo, tenham ânimo! Eu venci o mundo". (João 16:33)

180   DESCOMPLIQUE-SE

Todos nasceram pecadores por causa da queda, isso é um fato. Assim, todos estamos sujeitos ao sofrimento, e este é outro fato. Porém, além de nos jogar num sistema crônico de sofrimento, que é o mundo atual, o pecado *que nós cometemos individualmente* também gera sofrimento. Não estou falando que sofremos como um castigo por termos pecados; em vez disso, sofremos como *consequência* dos nossos atos.

Se você deixa um copo cair no chão e, descalço, pisa nos cacos de vidro, é óbvio que você vai se cortar. Isso foi um castigo por ter quebrado o copo? Não. O machucado é a consequência de pisar descalço em cacos de vidro. Se você estivesse usando botas, não iria se cortar, mesmo tendo sido o responsável por quebrar o copo.

Da mesma forma, o ato de pecar causa sofrimento em nós, e ele se intensifica enquanto não buscamos um encontro com Deus. Este pecado pode, inclusive dar origem a doenças físicas e emocionais, como aconteceu com o rei Davi:

> Enquanto eu mantinha escondidos os meus pecados, o meu corpo definhava de tanto gemer. Pois dia e noite a tua mão pesava sobre mim; minhas forças foram-se esgotando como em tempo de seca. Então reconheci diante de ti o meu pecado e não encobri as minhas culpas. Eu disse: "Confessarei as minhas transgressões ao Senhor", e tu perdoaste a culpa do meu pecado. (Salmos 32:3-5)

Portanto, quando a origem do sofrimento é o pecado, a única saída é confessá-lo, se arrepender e mudar de atitude, isto é, não praticá-lo mais. Apenas professar a verdade pode nos libertar desse tipo de sofrimento de forma eficaz e definitiva.

Amadurecimento espiritual

Deus não se alegra com alguém que possui um grande potencial para servi-lo, mas não avança. O que o Senhor faz, então, é dar um chacoalhão para derrubar essa pessoa do sofá. Novamente, não se trata de um castigo, mas de uma maneira carinhosa de o Pai nos acordar para a realidade.

Isso aconteceu, por exemplo, com a igreja primitiva. Após a ascensão de Jesus, o número de convertidos em Jerusalém crescia a olhos vistos. A comunidade vibrava em comunhão, fraternidade e generosidade. Uma coisa linda de se ver, e certamente abençoada por Deus.

Porém, os dias se passaram e os convertidos não saíam daquela vida ali. Eles haviam se esquecido da ordem dada pelo Senhor no momento da sua despedida: "Mas receberão poder quando o Espírito Santo descer sobre vocês, e serão minhas testemunhas em Jerusalém, em toda a Judéia e Samaria, *e até os confins da terra*" (Atos 1:8, *grifo nosso*). O movimento de testemunhar de Jesus começava sim em Jerusalém, mas não deveria ficar restrito àquela cidade. Era preciso expandir, porém, a igreja não estava caminhando neste sentido.

O que aconteceu? "Naquela ocasião desencadeou-se grande perseguição contra a igreja em Jerusalém. *Todos, exceto os apóstolos, foram dispersos pelas regiões da Judéia e de Samaria*" (Atos 8:1, *grifo nosso*). O sofrimento veio em forma de perseguição, e a igreja foi levada pelo Espírito a cumprir a ordem de Cristo, levando o evangelho às demais regiões enquanto fugia de Jerusalém.

A seara continua sendo muito grande, e cada dia se faz mais necessário contar com pessoas versáteis, corajosas e bem-dispostas, capazes de fazer múltiplas coisas com eficiência e celeridade.

Por pior que pareça, porém, a crise revela o nosso caráter. Não saímos dela da mesma forma. Por isso, temos de usar a adversidade como uma chance para crescer, descobrir nossos limites e desenvolver novas habilidades e dons. Assim, o único caminho para sair desse tipo de sofrimento é identificar o propósito de Deus para você. A partir disso, dedique-se a cumpri-lo. Quanto mais rápido você fizer isso, mais curto será o caminho no deserto.

Manifestação da glória de Deus

Há certos momentos em que o Senhor permite que passemos pelo sofrimento para que sua glória seja revelada por meio de nós. É em meio à dor que ocorrem os milagres e o agir extraordinário do Espírito Santo. A partir de eventos dessa natureza, a fé de um povo se fortalece e se renova espiritualmente.

Foi o caso, por exemplo, da morte de Lázaro. Jesus sabia que ele estava doente, mas esperou até que ele morresse para ir à Betânia, onde Lázaro morava. Maria e Marta, irmãs de Lázaro, sofreram a perda do irmão, e quando ele chegou quatro dias depois do funeral (que insensibilidade!), ambas disseram para seguinte a Jesus: "Senhor, se estivesses aqui meu irmão não teria morrido" (João 11:21;32). O próprio Senhor Jesus chorou diante da tristeza da morte de Lázaro e do sofrimento das amigas. Porém, antes mesmo de iniciar a viagem rumo a Betânia ele dissera aos seus discípulos: "Essa doença não acabará em morte; é para a glória de Deus, para que o Filho de Deus seja glorificado por meio dela" (v. 4).

Lázaro passou pela morte, mas ela não foi o fim. O fim foi a glorificação de Deus e de seu Filho:

> Muitos dos judeus que tinham vindo visitar Maria, vendo o que Jesus fizera, creram nele. (v. 45)

> [...] uma grande multidão [...], ao descobrir que Jesus estava ali, veio, não apenas por causa de Jesus, mas também para ver Lázaro, a quem ele ressuscitara dos mortos. [...] por causa dele, muitos estavam se afastando dos judeus e crendo em Jesus. (João 12:9,11)

Ao enfrentar o sofrimento, seja qual for, não deixe a ansiedade vencer e paralisar você. Procure, em primeiro lugar, entender a razão do sofrimento, e então tome a atitude apropriada para cada caso.

FERRAMENTAS EXTRAS PARA LIDAR COM A ANSIEDADE **183**

Acima de tudo, olhe para Deus, seu cuidado e seu plano eterno sobre a vida de seu povo:

> Lancem sobre ele toda a sua ansiedade, porque ele tem cuidado de vocês. Sejam sóbrios e vigiem. O diabo, o inimigo de vocês, anda ao redor como leão, rugindo e procurando a quem possa devorar. Resistam-lhe, permanecendo firmes na fé, sabendo que os irmãos que vocês têm em todo o mundo estão passando pelos mesmos sofrimentos. (1Pedro 5:7-9)

2. SABER VIVER O HOJE

Boa parte da ansiedade é causada por uma preocupação excessiva com o futuro. São os famosos "E se...?" que ocupam nossa mente, e tanto nos projetam para um futuro imaginário (que pode se concretizar ou não) quanto nos deixam de mãos atadas no momento presente, pois consomem a energia e o foco que deveríamos dedicar para fazer as atividades que nos cabem agora.

Viver de futuro é dar brechas para fracassar hoje. Não estou aqui falando que não se deve planejar e se preparar. Estas são ações importantes, mas que devem servir ao hoje.

A faculdade, de modo particular, é um ambiente de pressão com o futuro. Logo no primeiro dia de aula de cada semestre, é comum o professor entregar o plano de curso e o cronograma. Você mal se acomodou em sua mesa de aula, e já tem diante de si uma lista de leituras obrigatórias, datas de provas e entregas de trabalhos. A tendência é se perder no meio desse calendário e se entregar à ansiedade: "Não vai dar tempo, não vou dar conta"! Para quem divide seu dia entre estudo e trabalho, a pressão é ainda maior. Conciliar todas as tarefas e responsabilidades parece ser impossível.

O que falta, às vezes, é mudar de atitude frente a esse grande desafio. Lembro-me que vivi essa situação em meu tempo de faculdade: conciliar o curso de Química com a estressante rotina de lecionar até 62 aulas por semana em cursinhos e escolas de ensino médio.

Como sobrevivi sem enlouquecer? Em primeiro lugar, me livrei dos relacionamentos comparativo. Não poderia me dar ao luxo de comparar minha performance na faculdade com a de alunos que se dedicavam exclusivamente àquilo. Tirei esse peso de sobre minhas costas. Em segundo lugar, lutei contra meu temperamento e estabeleci metas reais. Tudo o que eu conseguisse alcançar a mais era lucro. Também me disciplinei para que, enquanto estivesse na faculdade, aproveitasse ao máximo meu tempo lá, prestando atenção e anotando tudo o que fosse possível. Também organizei meus horários fora do curso a fim de fazer as tarefas durante o horário de almoço. Dei o meu melhor. Não venci todas as batalhas, mas posso testemunhar, para a glória de Jesus, que venci a guerra. Graduei-me sem repetir nenhuma disciplina e cresci profissionalmente. Quando me formei, já estava trabalhando em uma grande escola e em pouco tempo me tornei diretor do curso de Química de uma respeitada universidade.

Quando estamos envolvidos com o presente de modo diligente, nosso coração não encontra espaço para ficar divagando acerca do futuro. O presente é tudo o que temos de concreto e, por isso, temos de vivê-lo com intensidade.

Há, porém, uma ressalva quanto a viver o presente. Existe um princípio muito comum nos dias de hoje que é o *carpe diem*, que em latim significa "aproveite o dia". A expressão implica tirar o máximo proveito do dia de hoje, como se não houvesse amanhã. A ideia é boa, porém, incentiva as pessoas a viver de modo inconsequente, ignorando problemas que surgirão por causa de sua irresponsabilidade. A princípio, parece um bom lema para vencer a ansiedade; porém, não demorará muito que essa vida desregrada traga problemas e ansiedades ainda maiores.

Assim, não se trata apenas de viver o agora, mas de vivê-lo com intensidade e, ao mesmo tempo, com responsabilidade.

Como, então, devemos viver o hoje? Vejamos o que aconselha o homem mais sábio de todos os tempos: "O que as suas mãos tiverem que fazer, que o façam com toda a sua força, pois na sepultura, para onde você vai, não há atividade nem planejamento, não há conhecimento nem sabedoria" (Eclesiastes 9:10)

Segundo Salomão, você deve dar o seu melhor para o que tem de resolver *agora*, em vez de empregar seus neurônios naquilo que terá (talvez) de resolver amanhã. Como disse o Senhor Jesus, "Não se preocupem com o amanhã, pois o amanhã se preocupará consigo mesmo. Basta a cada dia o seu próprio mal" (Mateus 6:34). Preocupe-se com as preocupações de hoje (desculpe a redundância, mas é para que fique bem claro). Tudo que vier às suas mãos para ser feito hoje, faça-o com excelência, alegria, zelo e qualidade.

3. BUSCAR A SABEDORIA DE DEUS

Nossa ansiedade e nosso desejo de ver as coisas resolvidas rapidamente nos têm levado a uma atitude equivocada a respeito dos desafios cotidianos. Muitas vezes, passamos por cima de tudo e de todos a fim de alcançar objetivos, resolver problemas e encontrar um pouquinho de paz. Infelizmente, esse caminho pode trazer resultados rápidos, mas raramente duradouros ou pacíficos.

O mundo nos pressiona o tempo todo a agir pela força. Tudo é para ontem, e você sempre tem de se destacar para sobreviver nessa selva chamada vida pós-moderna. Agir pela força é impor um princípio, uma ideia ou uma vontade, sem levar em conta o que os demais pensam sobre aquilo.

No entanto, não conseguimos resolver nossas ansiedades e demandas à força. Optar por esse caminho pode, na verdade, criar ainda mais ansiedade e problemas. A solução proposta pela Palavra de Deus para lidar com problemas é buscar sabedoria:

DESCOMPLIQUE-SE

As palavras dos sábios devem ser ouvidas com mais atenção do que os gritos de quem domina sobre tolos. A sabedoria é melhor do que as armas de guerra, mas um só pecador destrói muita coisa boa. (Eclesiastes 9:17-18)

Por mais que a força busque prevalecer — ela é "os gritos de quem domina" —, não se compara à sabedoria quando o assunto é buscar soluções, pois ela é "superior às armas de guerra".

Há um episódio muito interessante narrado em 2Samuel 20 que ilustra perfeitamente este princípio. Um homem chamado Seba iniciara uma rebelião contra o rei Davi, e muitos foram atrás dele. Ele percorreu o território de Israel até se esconder numa cidade chamada Abel-Bete-Maaca (vamos abreviar esse nome enorme para ABM, ok?). Bem, Joabe, comandante do exército real, cercou ABM e estava a ponto de derrubar a muralha (as cidades naquela época eram cercadas por muros bem largos e altos) para capturar Seba. Imagine a tensão e a ansiedade dos dois lados. "O que Joabe fará conosco?", indagavam os ABMitas. "O que o povo de ABM fará conosco?", indagavam os soldados.

No momento em que o exército daria o primeiro golpe para derrubar a muralha, uma mulher sábia surgiu na cidade e mudou o rumo da história. Veja o diálogo dela com Joabe, extraído diretamente do texto bíblico (as frases em colchetes [ ] são comentários meus):

— Ouçam! Ouçam! Digam a Joabe que venha aqui para que eu fale com ele.

Quando ele se aproximou a mulher perguntou:

— Tu és Joabe?

— Sim.

— Ouve o que a tua serva tem para dizer-te.

— Estou ouvindo.

— Antigamente se dizia: "Peça conselho na cidade de ABM", e [as pessoas vinham aqui, e] resolviam suas questões. Nós somos pacíficos e fiéis em Israel. Tu procuras destruir uma cidade que é mãe em Israel. Por que queres arruinar a herança do Senhor?

— Longe de mim uma coisa dessas! Longe de mim arruinar e destruir esta cidade! Não é esse o problema. Mas um homem chamado Seba, filho de Bicri, dos montes de Efraim, rebelou-se contra o rei Davi, [e ele está escondido em ABM]. Entreguem-me esse homem, e iremos embora.

— A cabeça dele te será jogada do alto da muralha — disse a mulher.

Joabe e seu exército estavam a ponto de iniciar uma guerra contra uma cidade pacífica que nem sabia porque estava sendo atacada. Então uma mulher sábia se levantou e disse: "Parem tudo! O que está acontecendo aqui?". Não foi preciso destruir a muralha e invadir ABM. A única arma de que necessitaram era uma espada:

> Então a mulher foi falar com todo o povo, dando o seu sábio conselho, e eles cortaram a cabeça de Seba, filho de Bicri, e a jogaram para Joabe. Ele tocou a trombeta, e seus homens se dispersaram, abandonaram o cerco da cidade e cada um voltou para sua casa. E Joabe voltou ao rei, em Jerusalém. (v. 22)

Simples assim. Uma conversa sabiamente guiada evitou um confronto enorme e muitas mortes desnecessárias.

A sabedoria nos poupa de situações problemáticas ou, pelo menos, de complicar uma situação que já não é boa. Se você não se sente sábio como aquela mulher desconhecida, mas desejaria ter a mesma capacidade de resolver conflitos que ela teve, sem ter de recorrer às armas, basta pedir que Deus derrame da sabedoria dele sobre você: "Se algum de vocês tem falta de sabedoria, peça-a a Deus, que a todos dá livremente, de boa vontade; e lhe será concedida" (Tiago 1:5).

A sabedoria resume todas essas ferramentas que lhe apresentei por último. Ela é uma bênção especial do Senhor sobre a vida daqueles que o temem e desejam que ele, e nada mais, guie seus passos e reine sobre sua vida.

...●...

Ainda que eu não o conheça pessoalmente, oro para que este livro o auxilie e guie em sua luta contra a ansiedade. O Senhor Jesus, porém, o conhece e está acompanhando seus passos. Sempre que sentir necessidade, recorra a ele em oração e tenha certeza de que ele virá em seu socorro.

Richarde Barbosa Guerra é natural de Belo Horizonte e desde cedo dedicou-se a investigar a natureza dos sistemas que nos rodeiam. Começou estudando Química Industrial no Centro Federal de Educação Tecnológica de Minas Gerais (CEFET-MG); depois, Química pura na Universidade Federal de Minas Gerais (UFMG), onde também cursou Astrofísica, e faz mestrado em Geologia, ainda não concluído. Em seguida, investiu na Teologia, área em que é pós-graduado em Estudos Pastorais e mestre em Teologia da Ação Pastoral, ambos pela Faculdade Evangélica de Teologia de Belo Horizonte (FATE-BH). Paralelamente, lecionou Química e Teologia em várias escolas, cursinhos, faculdades e seminários durante vinte anos. No Centro de Treinamento Ministerial Diante do Trono (CTMDT), foi titular da cadeira de Transformação e Cosmovisão por onze anos, experiência essencial para escrever este livro. Foi diretor do curso de Química da Universidade Vale do Rio Verde (UninCor-BH) até encerrar a carreira de professor de Química Analítica e se dedicar exclusivamente ao ministério pastoral. É membro da Igreja Batista da Lagoinha desde 2000, que pastoreia desde 2006, assumindo em 2012 a liderança da juventude junto com o Pr. Lucinho Barreto. Atualmente, é professor do Seminário Teológico Carisma e já participou da implantação de 104 igrejas. Este é o vigésimo terceiro livro de sua autoria. A partir de 2014, passou a se envolver na implantação de novas igrejas e hoje coordena, como pastor, cerca de 60 delas em BH, interior de

Minas e em diversos estados do Brasil, bem como em vários países (Nepal, Colômbia, Panamá, Portugal, Espanha, Inglaterra, Jordânia, Alemanha, Suíça, França, Índia e Angola). É também roteirista de história em quadrinhos, sendo autor do Mangá Eclesiástico. É casado com Priscila Guerra e tem dois filhos: Daniel e Josué.

Este livro foi impresso em 2019, pela Assahi Gráfica,
para a Thomas Nelson Brasil. A fonte usada
no miolo é Crimson corpo 12.
O papel do miolo é Polén Soft 80 g/m².